Alle Altersstufen

Jürgen Tille-Koch

Lernmodul

Musik machen

Kompaktband

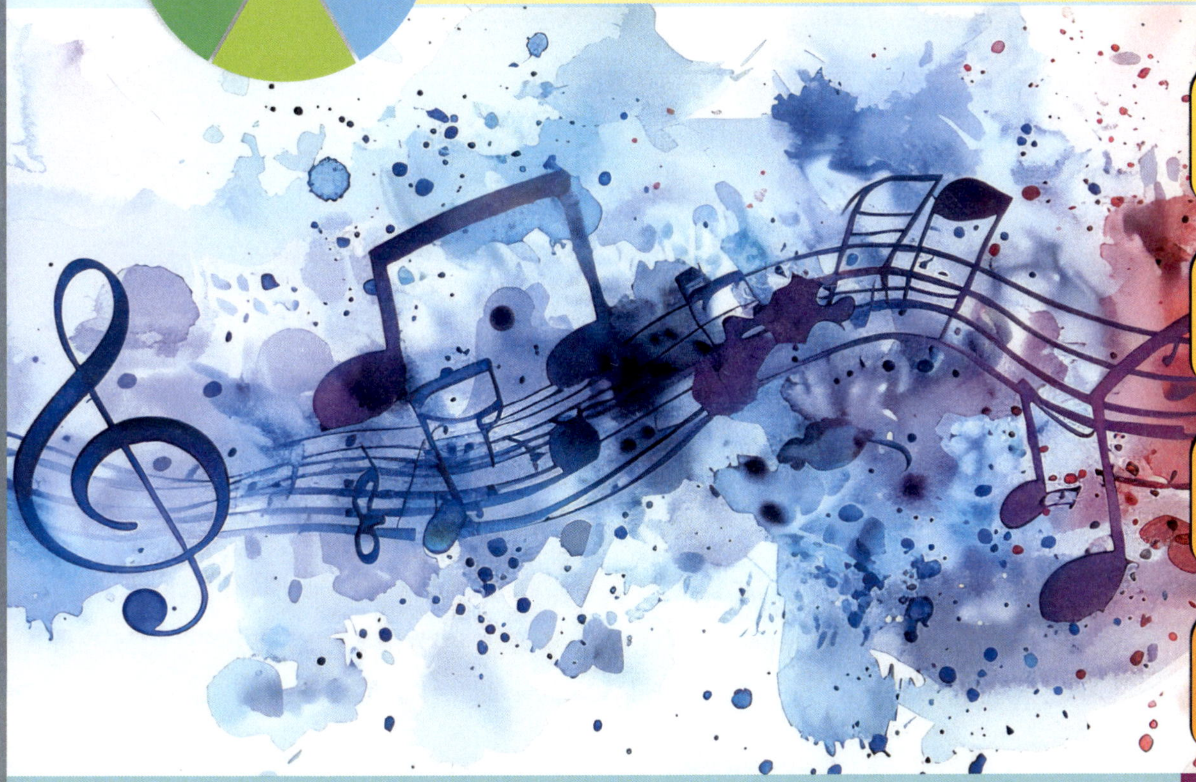

Klänge, Harmonie & Rhythmus

meth.-didakt. Hinweise

Notation

Songs & mehr

Thema 3

Mit verschiedenen Bausteinen effektiv und nachhaltig unterrichten

Lernmodul 3: Musik machen
Kompaktband

1. Auflage 2024

Inhalt: Jürgen Tille-Koch
Coverbild: SHOTPRIME STUDIO - AdobeStock.com
Redaktion: Kohl-Verlag
Grafik & Satz: Kohl-Verlag
Druck: farbo prepress GmbH, Köln

Bestell-Nr. 16 115

ISBN: 978-3-98841-218-8

Bildquellen © adobestock.com

S. 2: ©Africa Studio; S. 4, 8, 9, 10, 11, 12, 13, 15, 16, 19, 20, 21, 23, 24, 25, 26: © ronnarid; S. 4: © alekseyvanin; S. 5+13+28+29: © Sun, Stockgiu; S. 7: © Iryna; S. 10+59: © Елена Истомина; S. 11+59: © stockphoto-graf, shamm; S. 14: © Ewa Leon; S. 17: © shamm; S. 22: © robert6666; S. 28: © touchedbylight, purich, Irina Khomenko, Anatolii, grafikplusfoto, kuntabunt, Nynke, Szasz-Fabian Jozsef, kisscsanad;

Unter der Rubrik "Zusatzmaterial" auf der Startseite des Kohl-Verlags steht Zusatzmaterial mit Songtexten, Notationen und Audio-Files zur Verfügung.

Geben Sie beim Download-Vorgang bitte diesen Code ein: **AC7TR28B**

Inhalt

Das Konzept „Lernmodul“

Lernmodul: *Effektiv und nachhaltig unterrichten!*
Ob im Klassenzimmer oder zu Hause, das Lernmodul bietet Lehrern und Schülern die perfekte Unterstützung, um den Lernstoff effektiv und nachhaltig zu vermitteln und zu verstehen ... unser Lösungsansatz, der Ihren Unterricht auf ein neues Level hebt!

Jedes Lernmodul ist in verschiedene Bausteine unterteilt, die nahtlos aufeinander aufbauen. Dieser **modulare Aufbau** kann sich bspw. aus Tafelbildern (visuelle Hilfsmittel, die komplexe Sachverhalte einfach und verständlich darstellen), den dazu passenden Arbeitsblättern (praktische Übungen, die das Gelernte festigen) und Basics-Trainern (Festigen das Grundlagenwissen mit speziellen Trainingsmaterialien beim häuslichen Üben oder für Vertretungsstunden) zusammensetzen. Darüber hinaus können sich Lernzielkontrollen (überprüfen der Lernerfolge mit gezielten Tests) oder sonstige Bausteine anschließen, die das jeweilige Thema aus individuellen Blickwinkeln beleuchten und bereichern.

Unsere Lernmodule bieten umfassendes Material für die Lehrkraft, das die Unterrichtsvorbereitung erleichtert und den Unterricht bereichert. Gleichzeitig erhalten Schüler hilfreiche Unterstützung, um den Lernstoff im Unterricht und zu Hause nachvollziehen und üben zu können. Unser Ziel ist es, nicht nur Wissen zu vermitteln, sondern auch nachhaltiges Lernen zu fördern. Durch die klare Struktur, die wiederkehrende graphische Gestaltung und die vielfältigen Materialien unterstützen unsere Lernmodule eine tiefergehende Auseinandersetzung mit dem Lernstoff und langfristige Lernerfolge.

Vorwort

Klassenmusizieren bzw. Musik machen im allgemeinbildenden Musikunterricht stellen zentrale Themen der musikpädagogischen Praxis dar.
Das aufbauende Konzept des vorliegenden Bandes führt mit leichten, motivierenden und praktischen Übungen von Elementen des Anfangsunterrichts, bis hin zum Umsetzen von Songs mit durchaus auch erhöhten Anforderungen, zum Verstehen von Musik.

Jürgen Tille-Koch

Die ausgewiesenen Audiodateien (A 1 – 4), Materialien (M 1 – 9) und Notationen (N 1 - 18) sind beigefügt zum Ausdrucken oder für den digitalen Einsatz. Sie sind auf der Verlagsseite unter „Zusatzmaterial“ abgelegt. Geben Sie beim Download-Vorgang den auf Seite 2 im Impressum angegebenen Code ein.

Aufgaben mit diesem Symbol sollten aus Platzgründen im Heft/auf einem Extrablatt bearbeitet werden.

Im Lernmodul deuten diese Symbole auf die jeweilige Sozialform hin:

Einzelaufgabe

Partneraufgabe

Gruppenaufgabe

Klänge erzeugen

• Experimentieren

Kompetenzen und Ziele:

- mit der Stimme experimentieren
- Klänge, Töne und Geräusche Klangfeldern zuordnen
- Klangräume gestalten
- Töne und Klänge wahrnehmen, beschreiben und zuordnen
- Namen von Rhythmusinstrumenten kennen lernen

• Mit der Stimme experimentieren

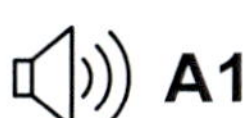

Je 2 Schüler*innen bekommen einen bunten Luftballon, den sie selber aufblasen. Ein*e Schüler*in wirft den Ballon hoch, die/der andere begleitet Steigen und Fallen des Ballons mit einem entsprechend nach oben oder unten verlaufenden „mh", „a", „e", „i", „o", „u" o.ä. Die Rollen werden anschließend getauscht. Das Musikstück kann dazu gespielt, bunte Tücher können alternativ zu den Ballons eingesetzt werden.[1]

• Klangfelder erstellen

Die Kompositionstechnik „Klangspinne" stellt eine Möglichkeit dar, Klänge, Töne und Geräusche zu organisieren.[2]
Durch geschicktes Vorgehen der „Spinne" entstehen jeweils interessante und vielfältige Klangbilder.

Nicht die Gedanken der Unterrichtenden, sondern die Ideen der Kinder stehen im Vordergrund. Daher werden Wiederholungen und Klangideen, die nicht den Vorstellungen der Unterrichtenden entsprechen, zugelassen.
Eine Reflexion der Klangideen findet bei der anschließenden Zuordnung statt.

Zunächst werden im Stehkreis freie Klänge geübt. Die Klänge ergeben sich aus

- der Stimme (1. Durchgang)
- Instrumenten, die zur Verfügung stehen (2. und 3. Durchgang)

Die Klasse sitzt im Stuhlkreis. Durch Zurollen eines Wollknäuels und jeweiliges Führen des Fadens um ein Stuhlbein entsteht ein „Spinnennetz". Dieses Netz lässt einzelne Felder von zufälliger Größe entstehen, die als Klangfelder dienen.

[1] Vgl. Grohé, Micaela/Junge, Wolfgang/Müller, Karin: Musikspiele. Helbling-Verlag, Rum/Innsbruck/Esslingen 2011, S. 84
[2] Vgl. Tille-Koch, Jürgen: Musik & Kunst kreativ. Kohl-Verlag, Kerpen-Buir 2010, S. 13/14

Klänge erzeugen

> Im 1. Durchgang ordnet jede*r einem Klangfeld einen mit der Stimme erzeugten individuellen Klang zu. Die Zuordnung wird nicht genannt. Felder können also auch doppelt oder gar nicht besetzt sein. Eine*r von euch oder auch die Lehrperson steigt nun ins Spinnennetz. Eine Berührung der Klangfelder durch Hände und/oder Füße „aktiviert“ das Feld: Die zugeordneten Klänge ertönen. Beim Verlassen wird der Klang „deaktiviert“.

> Im 2. Durchgang sucht ihr euch ein im Raum befindliches, transportables Instrument. Jede*r entscheidet sich für einen Klang und setzt sich zurück auf den Stuhl. Die Felder werden wieder aktiviert und deaktiviert.

> Für die 3. Runde werden die Instrumente gewechselt und ergänzt.

• Geräusche-Orchester **M1**

Dieses Geräusche-Orchester wird mit der beigefügten Power-Point-Datei umgesetzt. Die erste Zeile wird wie angegeben mit Body-Percussion zuerst geübt.

Geräusche-Orchester

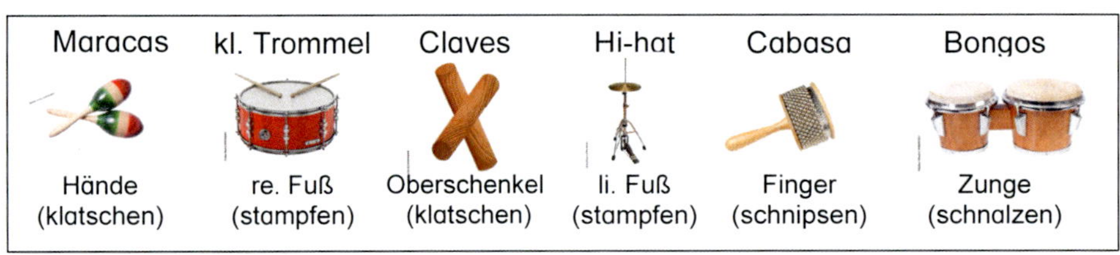

1 

2 

3 

4 

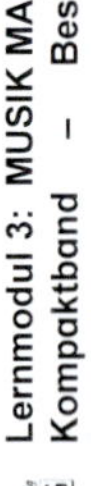

Lernmodul 3: MUSIK MACHEN Kompaktband – Bestell-Nr. 16 115

Klänge erzeugen

Wie in der ersten Zeile gezeigt wird den Instrumenten Maracas, kleine Trommel, Claves, Hi-hat, Cabasa und Bongos jeweils eine Aktion aus dem Bereich Body-Percussion zugeordnet. Die folgenden vier Zeilen sind jeweils in 4 Takte mit jeweils vier Aktionen eingeteilt. Dabei steigert sich der Schwierigkeitsgrad von leicht (Zeile 1) bis schwer (Zeile 4)

Es empfiehlt sich die aufbauende Powerpoint-Präsentation für die Umsetzung dieser Übung einzusetzen.
Eine Herausforderung stellt es dar, nach den Einzelübungen die vier Zeilen von vier Gruppen spielen zu lassen. Der Hinweis auf den Fachbegriff „Partitur“, in der alle Stimmen festgehalten sind, erfolgt an dieser Stelle.

Vorschläge für eine Präsentation:

1 die Zeilen werden einzeln jeweils 4mal wiederholt
2 Einteilung in 4 Gruppen, jede Gruppe spielt eine Zeile
3 in jeder Gruppe werden die angegebenen Instrumente zur Body-Percussion gespielt

Klänge erkennen

Es bieten sich verschiedene Möglichkeiten an, Klänge zu strukturieren.
Die Einteilung kann sich orientieren an

> dem Material, das den Klang erzeugt (Holz, Metall, Fell, Elektronik, ...)

> der Erzeugung des Klanges (streichen, zupfen, schlagen, ...)

> der Art des Klanges (Punkt-, Schwebe-, Bewegungs-, Liege-, Gleitklang)

Als erster Kontakt mit diesem Thema und zur Vermeidung von Missverständnissen wird auf die Art des Klanges eingegangen. Eine in der Musikdidaktik etablierte Form der Zuordnung ist die folgende Darstellung, die für die Lehrperson den theoretischen Hintergrund darstellt:

> Punktklang (kurzer, trockener Klang)

> Gleitklang (gleitender Wechsel der Tonhöhe)

> Liegeklang (anhaltender Ton)

> Schwebeklang (nachschwingender Klang)

> Bewegungsklang (durch anhaltende Bewegung erzeugter Klang)

> Schichtklang (gleiche/verschiedene Klänge gleichzeitig)

Die Klänge der im Geräusche-Orchester gezeigten Rhythmusinstrumente werden jetzt erkannt. Die Klangeigenschaften werden den Begriffen Punktklang, Bewegungsklang, Gleitklang, Schwebeklang und Schichtklang zugeordnet. Die Begriffe werden mit den genannten Rhythmusinstrumenten und denen, die individuell zur Verfügung stehen, auf den u.a. Arbeitsblättern ergänzt.

• Klangarten

M2

Aufgabe: *„Ihr habt im Geräusche-Orchester die Rhythmusinstrumente kennengelernt. Probiert diese Klänge noch einmal. Beschreibt sie und ordnet sie den Klangarten zu. Notiert die Instrumente auf diesen Vorlagen. Ergänzt diese Vorlagen mit weiteren Rhythmusinstrumenten."*

1 Punktklang	2 Gleitklang	3 Liegeklang

Lernmodul 3: MUSIK MACHEN
Kompaktband – Bestell-Nr. 16 115

Klänge erkennen

4
Schwebeklang

5
Bewegungsklang

6
Schichtklang

• Grundtöne

Ein Xylofon mit den auf den Klangstäben versehenen Namen der Töne ist der erste Kontakt mit der traditionellen Notation. Die Namen der Töne werden auf ein weiteres Xylophon, auf die Klaviertastatur und die Tasten eines Keyboards übertragen.

Auf einem Musikinstrument wird Musik gemacht. Die Klänge auf diesen Instrumenten werden Töne genannt. So wie jeder von euch einen Namen hat, bekommen diese Töne auch einen Namen. An einem Xylofon könnt ihr eine Tonfolge und die Namen der Töne erkennen. Es gilt: Je länger der Klangstab, desto tiefer der Ton. Je kürzer, desto höher der Klang. Für den Anfang bleiben wir bei der Tonfolge einer Tonleiter. Auf dem Xylofon sind die Namen der Töne schon angegeben. Die Töne können auch mit kleinen Buchstaben geschrieben werden.

Klänge erkennen

<u>Aufgabe 1</u>: *Übertrage jetzt die Bezeichnungen der Töne auf dieses Xylofon. Beginne mit c.*

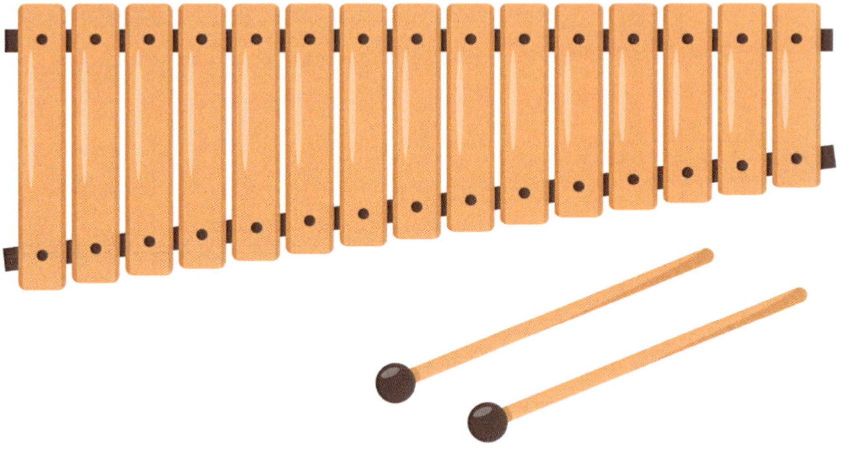

<u>Aufgabe 2</u>: *Die Namen der Töne auf anderen Instrumenten bleiben erhalten. Übertrage jetzt die Töne auf die Tasten einer z.B. Klaviertastatur. Beginne wieder mit c.*

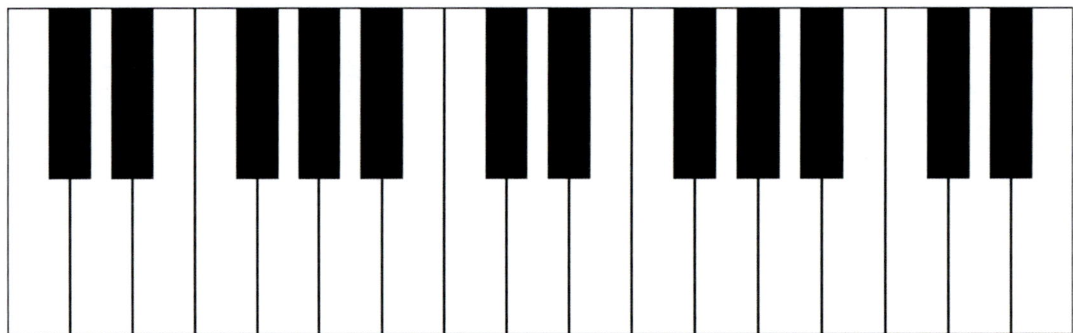

<u>Aufgabe 3</u>: *Bei einem Keyboard ist es genauso. Achtung: Finde heraus, wo es mit c beginnt.*

Klänge notieren

• Grafische Notation

Eine Notation ist das Aufschreiben von Zeichen und Symbolen. Das Aufschreiben von Zeichen und Symbolen wird in der Musik „grafische Notation" genannt. Es gibt dabei keine festgelegte Schreibweise, sie kann nach eigenen Vorstellungen notiert werden. Die folgenden Zeichen sind an dieser Stelle als Vorschlag anzusehen.

Aufgabe 1: *Eigene Ideen:*

17 **18** **19** **20**

Aufgabe 2: *Ordne jetzt die Zeichen durch Einsetzen der Zahlen den Klangarten zu. Ein Zeichen kann auch mehreren Klangarten zugeordnet werden.*

Punktklang	Gleitklang	Liegeklang
Schwebeklang	Bewegungsklang	Schichtklang

Klänge notieren

- **Klangbeispiel: Die Elemente „Feuer, Wasser, Erde, Luft“[1]** 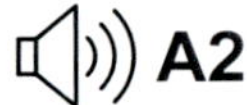 **A2**

Aufgabe 1: *Die Klangbeispiele zu den vier Elemente „Feuer, Wasser, Erde, Luft“ werden mehrmals gehört. Mit grafischen Zeichen wird eine eigene Hörpartitur erstellt. Dazu werden diese Vorlagen genutzt. Die Hörpartitur kann auch digital erstellt werden. Die Ergebnisse werden präsentiert und diskutiert.*

Feuer

Wasser

Erde

Luft

[1] Demo-Aufnahmen von Lehramtsstudent*innen der Universität Hildesheim im Januar 2012

Klänge notieren

• Boomwhacker

Die bunten Boomwhacker-Röhren sind angeordnet wie die Klangstäbe des Xylofons. Ein Basis-Set setzt sich aus 8 Röhren zusammen, dabei hat jeder Ton eine eigene Farbe.

Es gilt:
Je länger die Boomwhacker, desto tiefer der Ton.
Je kürzer die Röhre, desto höher der Ton.

Tonfolge für das einfache Set:

rot - (tiefes) c
orange - d
gelb - e
hellgrün - f
dunkelgrün - g
blau - a
lila - h
rot - (hohes) c

Die Boomwhacker wird z.B. in die Hand geschlagen. Dieser Punktklang kann auch verlängert werden: Handfläche z.B. über den Oberschenkel halten und die Röhre schnell zwischen Oberschenkel und Hand hin und her schlagen. Die Dauer dieses Bewegungsklangs richtet sich nach der notierten Tondauer.

Die hier vorgeschlagene Notation hat sich bewährt. Grundlage ist eine in Achtel eingeteilte Zeile. Dieser Achtelrhythmus kann auch einfach an die Tafel übertragen werden. Die Farbsymbole werden entsprechend gesetzt.

Die hier eingesetzte Notation stellt sich folgendermaßen dar:
Grundlage ist eine in acht gleiche Teile eingeteilte Zeile, Achtelrhythmus genannt.
Es ergeben sich in diesem Vierertakt 4 Zählzeiten:

1	u.	2	u.	3	u.	4	u.

Klänge notieren

Die Felder, die mit einer Farbe belegt sind, werden mit der entsprechenden Boomwhacker im genannten Rhythmus angeschlagen.
Beispiele für einen Takt, der beliebig oft wiederholt werden kann:

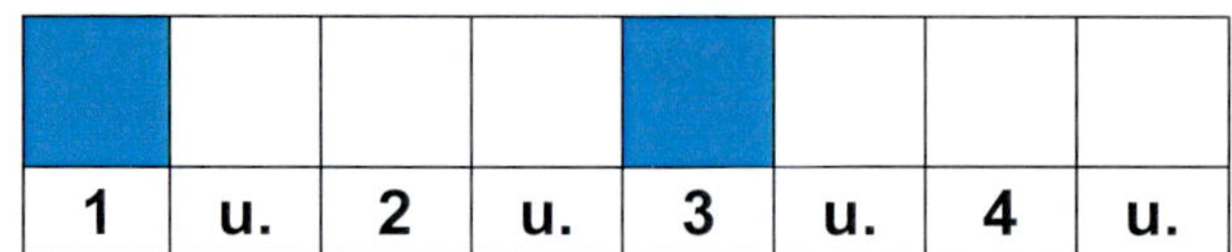

1) Der Ton a wird jeweils auf den Zählzeiten 1 und 3 angeschlagen.

1	u.	2	u.	3	u.	4	u.

2) Der Ton g wird auf allen Zählzeiten angeschlagen.

Aufgabe 1: *Ergänze jetzt den Satz in den folgenden Beispielen.*

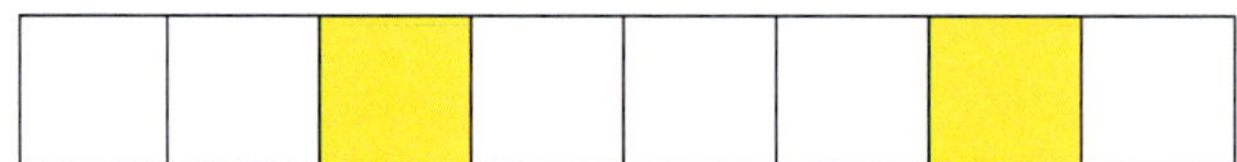

3) Der Ton e wird auf den Zählzeiten ....

4) Der Ton c wird auf der ....

5) Der Ton f wird auf den ....

Aufgabe 2: *Notiere jetzt eigene Ideen und vervollständige den Satz.*

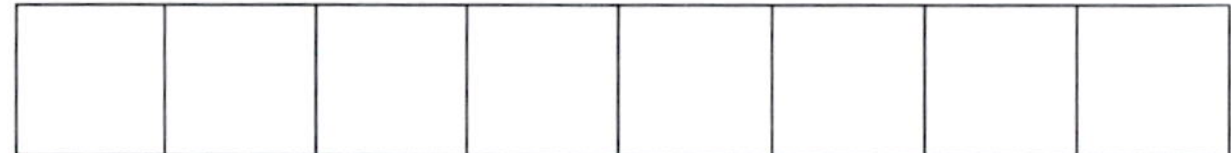

6) Der Ton ....

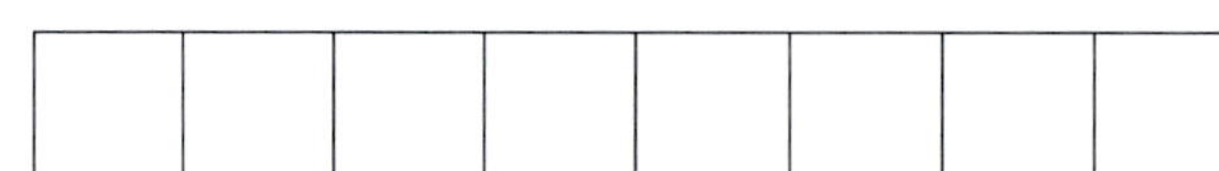

7) Der Ton ....

Klänge notieren

Aufgabe 3: **a)** *Singt diesen als „Fußball-Lied" bekannten Song auf der Silbe „la".*

Seven Nations Army

Fußball-Hymne (Refrain)

White Stripes (2003)

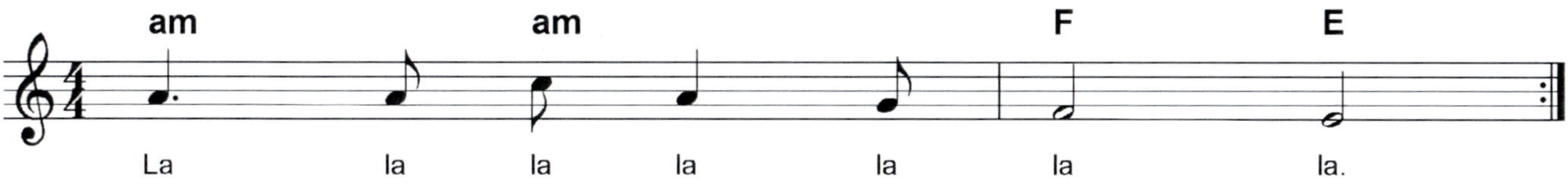

b) *Spielt dazu diese 2-taktige Boomwhackerbegleitung.*

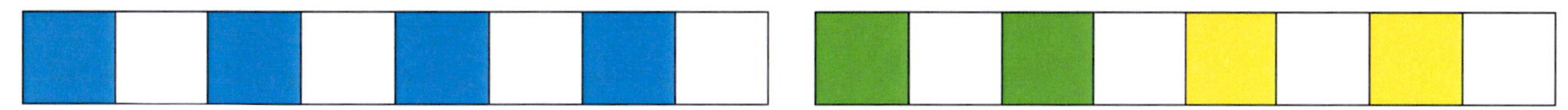

c) *Zusätzlich kann auch die Melodie mit Boomwhacker gespielt werden.*

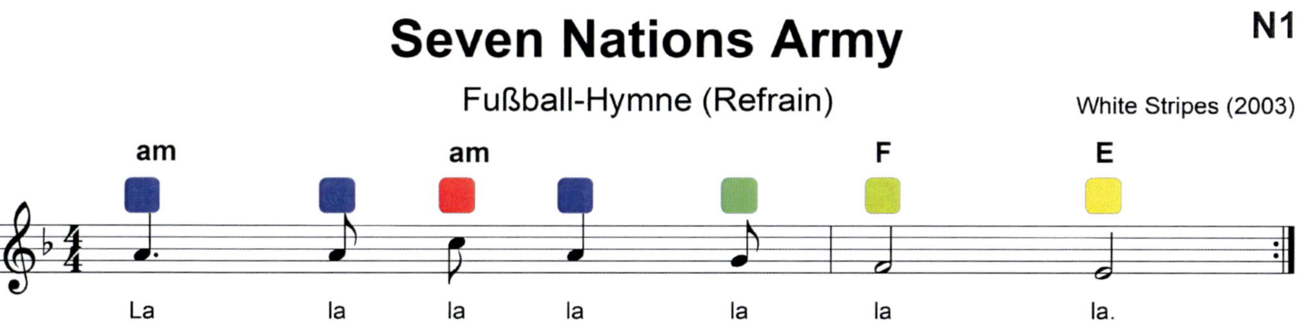

- **Traditionelle Notation**

In den Inhalten und Übungen sind bisher Begriffe verwendet worden, die Teil der traditionellen Notation sind. Diese werden wiederholt und/oder mit Hilfe der anschließenden Tafelbilder bzw. digitalen Vorlagen ergänzt.
Hinweis: Dieser Teil beschränkt sich auf die Vermittlung eines einfachen Grundwissens.

Das Aufschreiben von Musik in Notenschrift ist eine Schreibweise, die in der ganzen Welt eingesetzt wird. So kann z.B. eine Melodie eines italienischen Songschreibers von einer südamerikanischen Sängerin und allen anderen Musikern in der Welt sofort erkannt werden.
Die inzwischen bekannten Grundtöne bleiben erhalten und werden in fünf Notenlinien aufsteigend notiert: Es entsteht die Tonleiter.

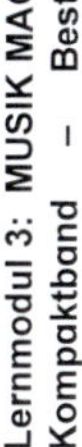

Klänge notieren

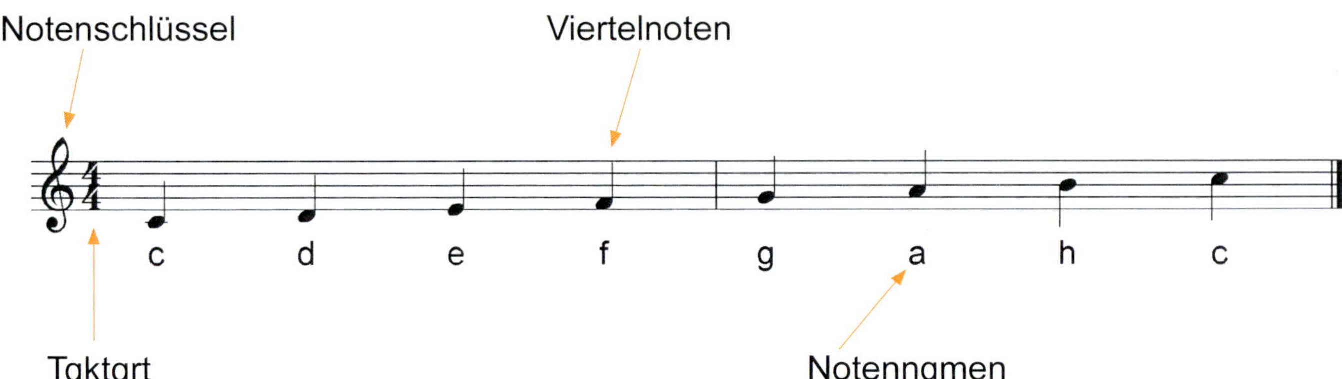

Notenschlüssel: Ein Notenschlüssel eröffnet ein Musikstück.

Takt: Ein Takt teilt ein Musikstück in festgelegte Abschnitte. Im Takt finden sich Notenwerte wie zum Beispiel Viertelnoten.

Taktart: z.B. 4/4-Takt: untere Zahl (Nenner): Notenwert des Grundschlags; obere Zahl (Zähler): Anzahl der Notenwerte

Viertelnoten: Ein Takt ist eine ganze Einheit. In ihm finden sich Notenwerte wie z.B. Viertelnoten. Vier Viertel ergeben ein Ganzes.

Notennamen: Hier sind die Notennamen einer einfachen Tonleiter notiert.

Hilfslinie: Noten außerhalb des Liniensystems bekommen eine Hilfslinie.

Tonhöhe: Die Töne werden in fünf Notenlinien von tief nach hoch notiert. Das tiefe c bekommt eine Hilfslinie.

Tondauer: In der Notation von Musik ist es wie in der Mathematik. Ein Ganzes kann man z.B. in Achtel, Viertel und Halbe aufteilen. Dafür gibt es jeweils ein eigenes Zeichen.

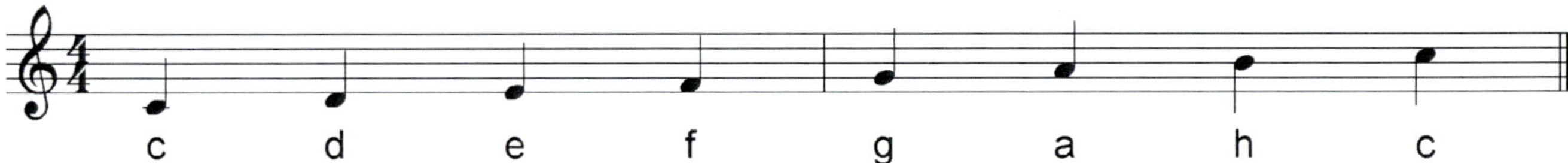

Auf einer Tastatur finden sich diese Namen wieder. Die schwarze Taste zwischen f und g bekommt den Namen **fis**, die zwischen h und c heißt **b**.

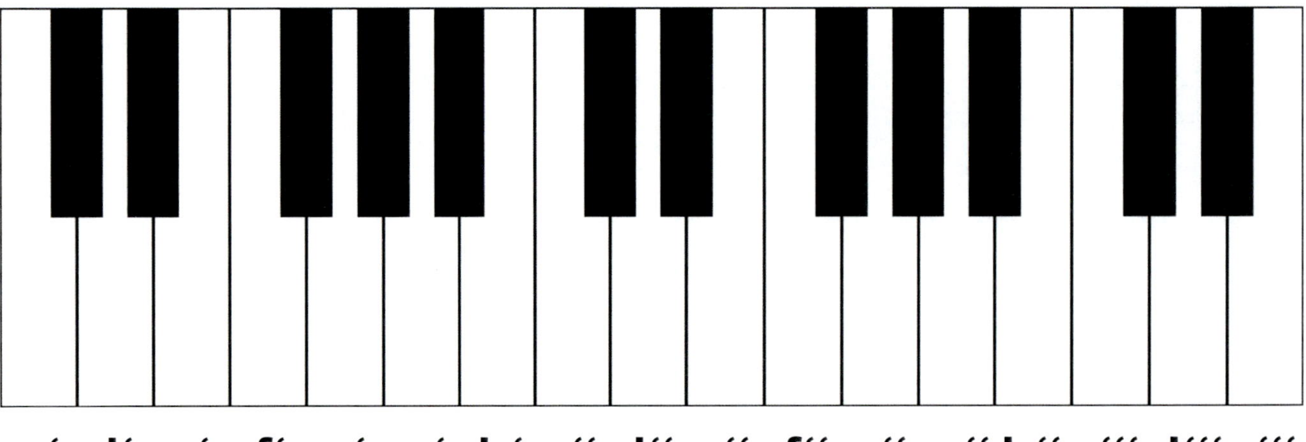

c‘ d‘ e‘ f‘ g‘ a‘ h‘ c‘‘ d‘‘ e‘‘ f‘‘ g‘‘ a‘‘ h‘‘ c‘‘‘ d‘‘‘ e‘‘‘

Lernmodul 3: MUSIK MACHEN
Kompaktband – Bestell-Nr. 16 115
KOHL VERLAG

Klänge notieren

Zur Unterscheidung der Tonhöhe spricht man von ein-, zwei- oder dreigestrichenen Noten.

Die Boomwhacker haben ein ganz einfaches System. Jedem Ton bzw. jeder Note ist eine Farbe zugeordnet. Die kürzeste Röhre ist dabei das zweigestrichene C.

N2

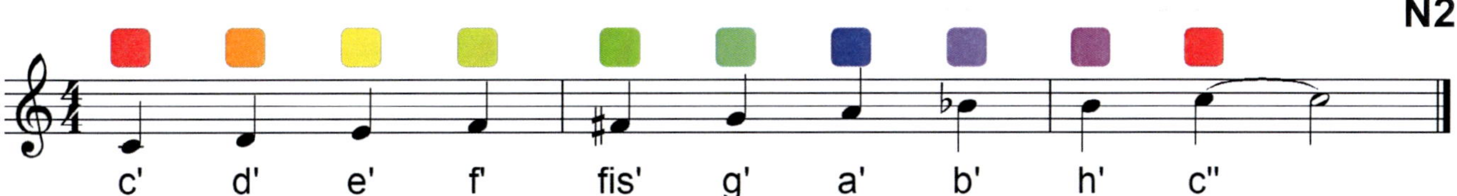

Merksätze

Noten auf den Linien: **E**s **g**eht **h**urtig **d**urch **F**leiß.
Esel **g**eh, **h**ol **d**ir **F**utter.

Noten zwischen den Linien: **F**ritz **a**ß **C**itronen-**E**is.

Meine Ideen

Noten auf den Linien: ....

Noten zwischen den Linien: ....

Tondauer (eine Übersicht) **N3**

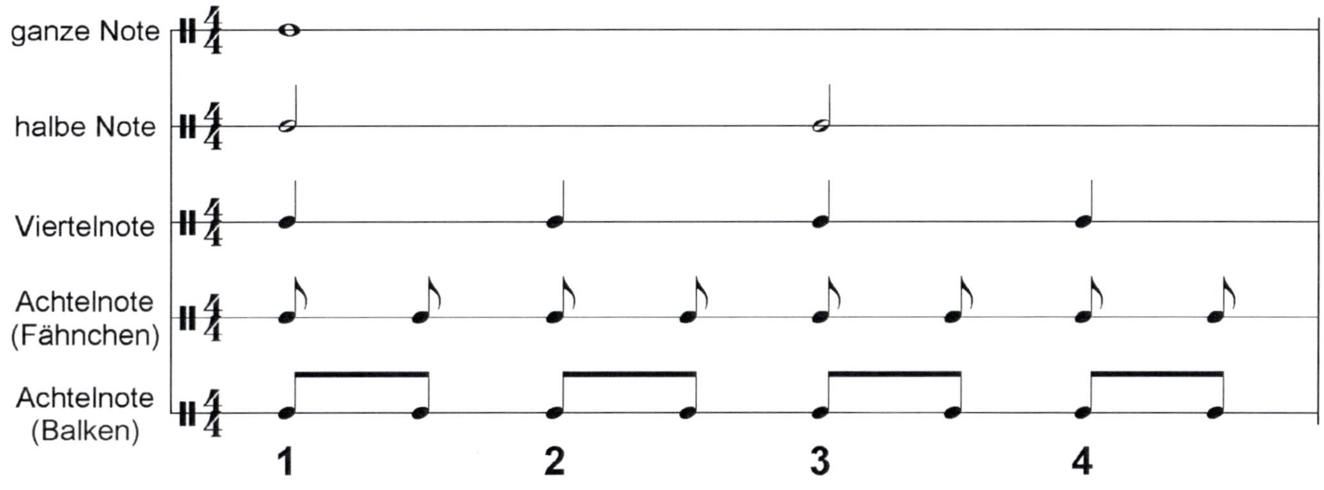

Lernmodul 3: MUSIK MACHEN
Kompaktband – Bestell-Nr. 16 115
KOHL VERLAG

Klänge notieren

M3

Aufgabe 4: *Übt die Notennamen! Finde das Wort oder ergänze die Noten.*

1 ____________

2 d a ____________

3 ____________

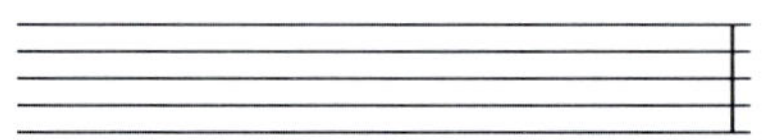

4 G a b e ____________

5 ____________

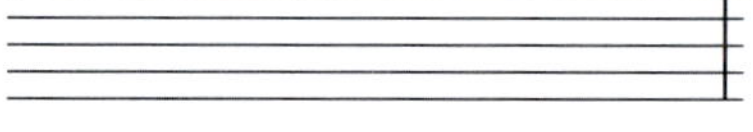

6 A f f e ____________

7 ____________

8 F e e ____________

9 ____________

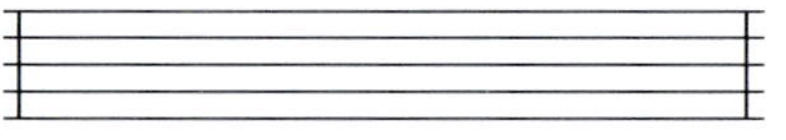

10 H e f e ____________

11 ____________

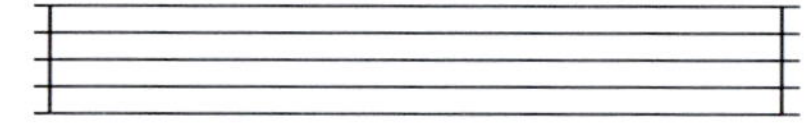

12 C a f é ____________

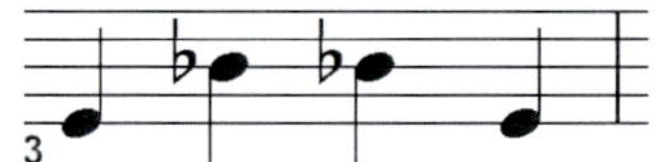

13 ____________

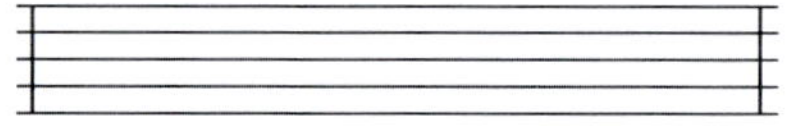

14 B a c h e ____________

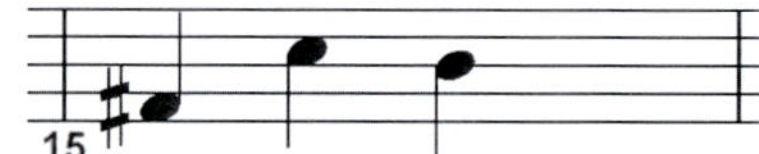

15 ____________

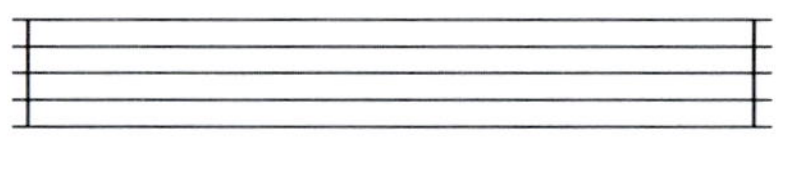

16 E h e ____________

17 ____________

18 A d e ____________

Lernmodul 3: MUSIK MACHEN
Kompaktband – Bestell-Nr. 16 115
KOHL VERLAG

Harmonie

• Zweiklänge

Die Grundtöne der Tonleiter (s. Seite 9) werden zu einem Zweiklang erweitert. An dieser Stelle kann auf die Unterscheidung zwischen Dur und Moll noch verzichtet werden. Die Akkorde der beiden folgenden Übungen sind mit halben Noten notiert und werden von den Schüler*innen gespielt.

Jeder Grundton der Tonleiter kann zu einem Zweiklang erweitert werden. Spielst du sie zusammen, klingen sie harmonisch. Es erklingt ein Akkord. Die Zweiklänge sind hier als halbe Noten notiert. Jeder Akkord hat damit 2 Zählzeiten.

Aufgabe 1: *Spielt auf den Instrumenten.* **N4**

Jeder Grundton der Tonleiter kann zu einem Zweiklang erweitert werden. Spielst du sie zusammen, klingen sie harmonisch. Es erklingt ein Akkord. Die Zweiklänge sind hier als halbe Noten notiert. Jeder Akkord hat damit 2 Zählzeiten.

N5

In den folgenden Songbeispielen werden die Zweiklänge als Begleitstimmen eingesetzt.

Songbeispiel 1: Seven Nations Army

Seven Nations Army

Fußball-Hymne (Refrain)

White Stripes (2003)

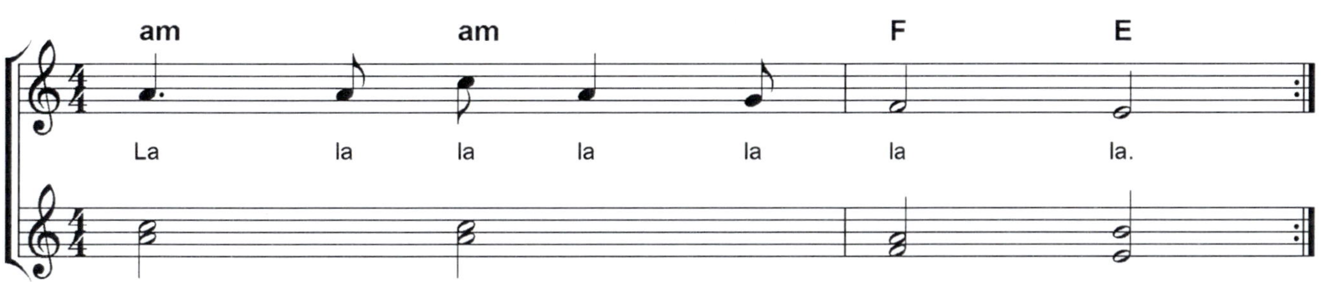

Hinweis: Aus harmonischen Gründen besteht der letzte Zweiklang aus den Tönen e und h.

Tipp: Ergänzt den Refrain mit den Boomwhacker (s. S. 12)

KOHL VERLAG
Lernmodul 3: MUSIK MACHEN Kompaktband – Bestell-Nr. 16 115

Songbeispiel 2: Thema aus dem 2. Satz der „Sinfonie Nr. 94 mit dem Paukenschlag“ von Joseph Haydn (1791) – Kurzfassung

Zu dem Beinamen der Sinfonie „mit dem Paukenschlag“ gibt es verschiedene Überlieferungen. Eine Quelle beschreibt folgende Begründung:

„… der zweite Satz. Acht Takte alles piano, alles sehr einfach. Schlichtes Thema. Dann die Wiederholung: nochmal acht Takte, diesmal sogar noch leiser, nur gezupft in den Geigen …. und dann kommt der Rumms: Ganzes Orchester und dazu die Pauken, mit extra dicken Schlegeln geschlagen. Das reißt sie aus den Sitzen, die Schläfer im Publikum. Das lässt sie hochfahren, das lässt sie Bonbons verschlucken und sichtbar werden …“

Quelle:
https://www.br-klassik.de/themen/klassik-entdecken/haydn-symphonie-mit-dem-paukenschlag-urauffuehrung-was-heute-geschah-23031792-100.html

Aufgabe 2: *Spielt zuerst diese Melodie auf dem Xylophon, Tasten- und/oder anderen Melodieinstrumenten.*

N6

Thema aus dem 2. Satz der Sinfonie Nr. 94 G-Dur "mit dem Paukenschlag"

Joseph Haydn (1791)

Hört eine Aufnahme des 2. Satzes dieser Sinfonie mit dem Jugendsinfonieorchester Burgenland:

https://www.youtube.com/watch?v=IEEdL80KTVw

Tipp: Das Thema wird jeweils zweimal gespielt.
Spielt die Wiederholung sehr leise – der letzte Ton hat einen Akzent. Den spielt sehr laut – nehmt Pauken u.a. dazu!

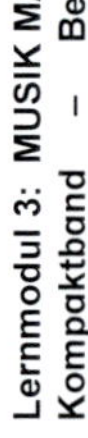

Harmonie

Spielt jetzt zur Melodie die Begleitstimme. Sie ist wieder mit halben Noten notiert.

Thema aus dem 2. Satz der Sinfonie Nr. 94 G-Dur "mit dem Paukenschlag"

Joseph Haydn (1791)

! **Für Profis: Die Zweiklänge der Begleitung können auch anders notiert sein!**

Thema aus dem 2. Satz der Sinfonie Nr. 94 G-Dur "mit dem Paukenschlag"

Joseph Haydn (1791)

! **Achtung: Beim folgenden Thema „Dreiklänge“ wird es schwieriger – nur für Profis und die, die es werden wollen!**

Lernmodul 3: MUSIK MACHEN
Kompaktband – Bestell-Nr. 16 115
KOHL VERLAG

Harmonie

• Dreiklänge[2]

Dieser Abschnitt geht nur auf die Dreiklänge ein, die sich über den Grundtönen der Tonleiter aufbauen. Es sollte der Hinweis erfolgen, dass sich die Bezeichnungen Dur und Moll aus den unterschiedlichen Abständen der jeweiligen Dreiklangtöne voneinander ergeben.

Zweiklänge können auch zu Dreiklängen erweitert werden. Das sieht komplizierter aus als es ist. Zusätzlich kommen noch neue Bezeichnungen dazu. Die Dreiklänge sind jetzt mit ganzen Noten notiert. Sie haben im Vierertakt jeweils vier Zählzeiten.

Kurzbezeichnung der Harmonie/des Akkordes **M4**

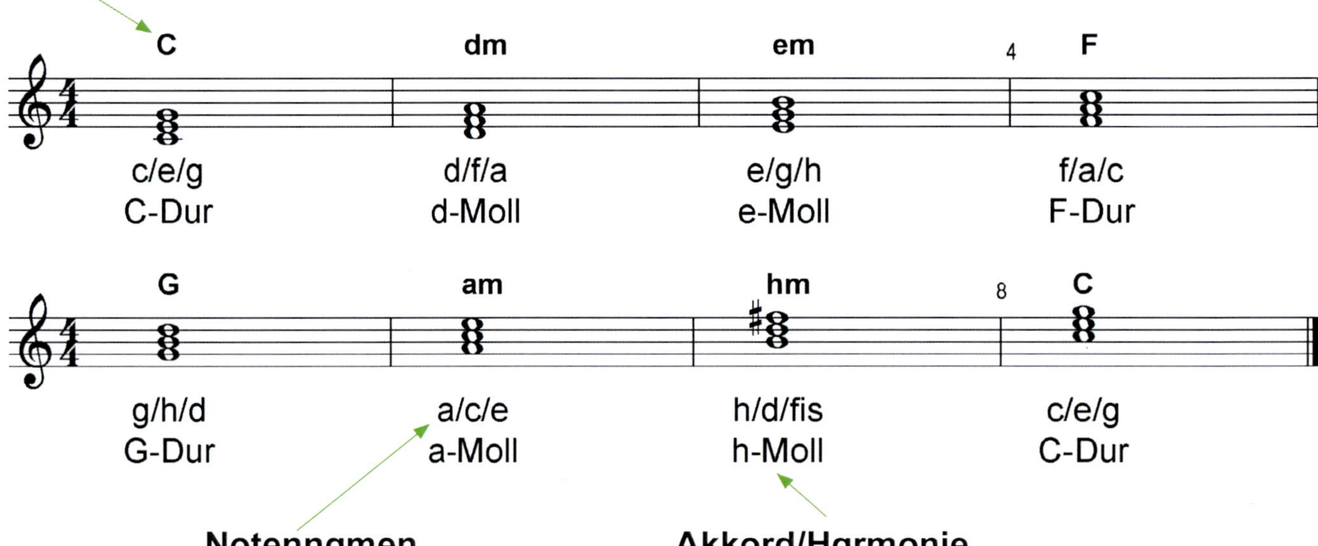

Die Bezeichnungen Dur und Moll ergeben sich aus den unterschiedlichen Abständen der jeweiligen drei Töne voneinander. Da gehen wir an dieser Stelle noch nicht drauf ein.

Aufgabe 1: **a)** *Sucht auf euren Instrumenten die Dreiklangtöne und spielt sie.*
b) *Übt euch jetzt diese Harmoniefolge ein.*

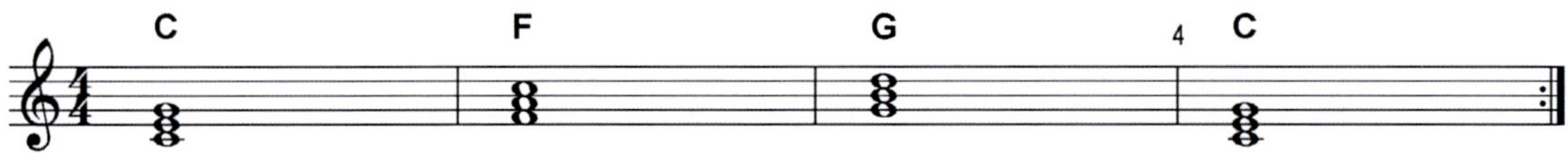

Zu dieser viertaktigen Harmoniefolge kann ein Text gesprochen werden. Die Texte aus „Max und Moritz“ von Wilhelm Busch sind zum Beispiel geeignet, zu einer Harmoniefolge gerappt zu werden. Dabei entspricht eine Textzeile jeweils einem Takt. Als Beispiel folgt hier der Streich von Max und Moritz an Schneidermeister Böck. Betont beim Sprechen jeweils die fettgedruckten Silben.

[2] Eine Vertiefung dieses Themas bieten die Bände „Komponieren lernen“ (Best.-Nr. 12107, ISBN 978-3-96040.273-2) und „Komponieren lernen 2“ (Best.-Nr. 12183, ISBN 978-3-96040-352-4) beim Kohl-Verlag.

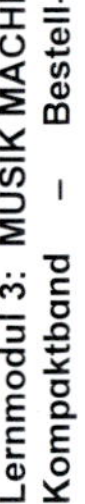

Harmonie

Nämlich vor des Meisters Hause
floss ein Wasser mit Gebrause.
Übers Wasser führt ein Steg,
und darüber geht der Weg.

Max und Moritz, gar nicht träge,
sägen heimlich mit der Säge,
ritzeratze, voller Tücke,
in die Brücke eine Lücke.

Aufgabe 1: *Bildet Kleingruppen. Sucht euch jeweils drei Harmonien aus und notiert sie in die Leerzeilen. Der vierte Takt wird mit der Harmonie des ersten ergänzt.*
Schreibt in Ganzen, Halben oder Viertelnoten – sucht es euch aus.

a)

b)

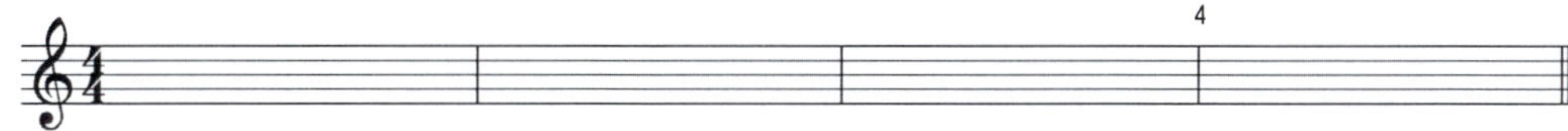

Zu euren Harmoniefolgen könnt ihr Texte eurer Wahl rappen – ihr habt sicherlich viele Ideen.

Aufgabe 2: *Schaut euch jetzt die ersten zwei Takte der Melodie der Sinfonie „mit dem Paukenschlag“ an. Bestimmt die Noten.*

Vergleicht sie jetzt mit den Tönen des F-Dur-Dreiklanges.

Was fällt euch auf?

____

____

____

Rhythmus

• Notation

Rhythmen können auf verschiedene Art notiert werden. Wir orientieren uns im Moment an der Notation der Boomwhacker. Die Farben werden ersetzt durch ein X. Das entsprechende Feld wird mit dem gewählten Rhythmusinstrument angeschlagen.

Aufgabe 1: *Setzt die folgenden Beispiele im ersten Durchgang mit Handclaps um.*

a)

X				X			
1	u.	2	u.	3	u.	4	u.

b)

X						X	
1	u.	2	u.	3	u.	4	u.

c)

		X				X	
1	u.	2	u.	3	u.	4	u.

d)

X				X		X	
1	u.	2	u.	3	u.	4	u.

e)

X			X	X			
1	u.	2	u.	3	u.	4	u.

f)

X	X	X	X				X
1	u.	2	u.	3	u.	4	u.

g)

X			X			X	
1	u.	2	u.	3	u.	4	u.

Spielt jetzt diese Rhythmen mit Rhythmusinstrumenten.

Lernmodul 3: MUSIK MACHEN
Kompaktband – Bestell-Nr. 16 115

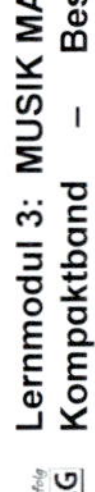

Rhythmus

Aufgabe 2: *Findet jetzt eigene Rhythmen.*

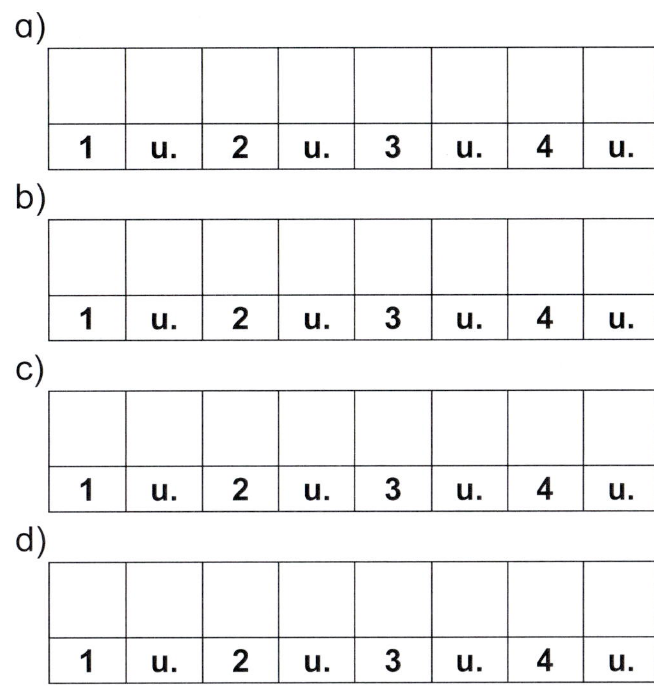

a)

1	**u.**	**2**	**u.**	**3**	**u.**	**4**	**u.**

b)

1	**u.**	**2**	**u.**	**3**	**u.**	**4**	**u.**

c)

1	**u.**	**2**	**u.**	**3**	**u.**	**4**	**u.**

d)

1	**u.**	**2**	**u.**	**3**	**u.**	**4**	**u.**

Rhythmen können auch in traditioneller Form notiert werden. Ein typischer Schlagzeugrhythmus kann zum Beispiel in dieser Form erscheinen:

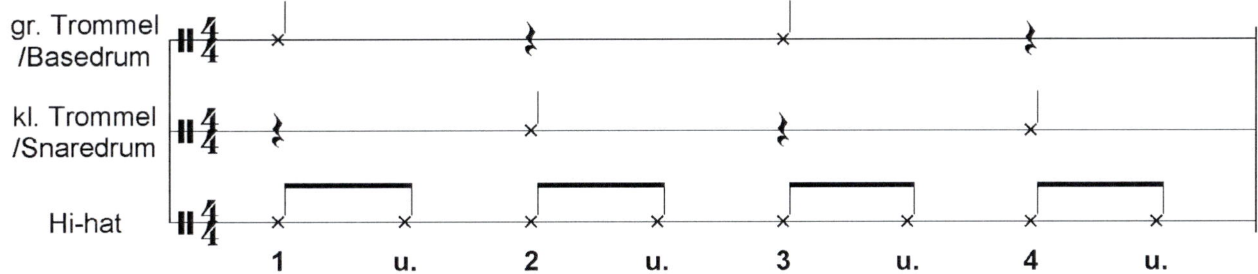

Aufgabe 3: **a)** *Übt diesen Schlagzeugrhythmus am Platz ein:*
rechter oder linker Fuß: Fußballen hebt und senkt sich auf den Zählzeiten 1 und 3
linke Hand: schlägt auf den linken Oberschenkel auf den Zählzeiten 2 und 4
rechte Hand: schlägt auf dem rechten Oberschenkel als Achtel durch.
→ Übertragt jetzt den Rhythmus auf das Schlagzeug:

rechter Fuß: Fußpedal/Basedrum

linke Hand: Stick/Snaredrum

rechte Hand: Stick/geschlossene Hi-hat

b) *Dieser Schlagzeugrhythmus ist für viele Songs geeignet. Spielt ihn zusammen mit „Seven Nations Army“ (S. 19) und dem Thema der Paukenschlag-Sinfonie (S. 20).*

c) *Er kann mit einer Ergänzung z.B. bei den Songs „Sunshine Reggae“ (S. 31 ff) und „All you Zombies“ (S. 51 ff) eingesetzt werden.*

Lernmodul 3: MUSIK MACHEN
Kompaktband – Bestell-Nr. 16 115

Songs & mehr

• **Lieblingstiere** – ab Klasse 2

Tiere stellen in der Erlebniswelt der Kinder einen hohen Motivationswert dar. Lustige und rhythmisch gesprochene Zweizeiler greifen diesen Spaß auf und setzen ihn in der Form eines Rap um.

> Gestaltung

Zum gesprochenen Text werden typische Verhaltensweisen und die im Text angesprochenen Bewegungen oder Aktionen eingeübt. Anschließend werden sie zu den beschriebenen Gestaltungsmöglichkeiten präsentiert. Dabei können Rhythmus und Boomwhacker allein oder zur Playbackaufnahme umgesetzt werden.

Der Text wird zur Playback-Aufnahme rhythmisch gesprochen und dargestellt.

> Rhythmus

Die angegebenen Rhythmusinstrumente sind Vorschläge und können individuell ersetzt werden.

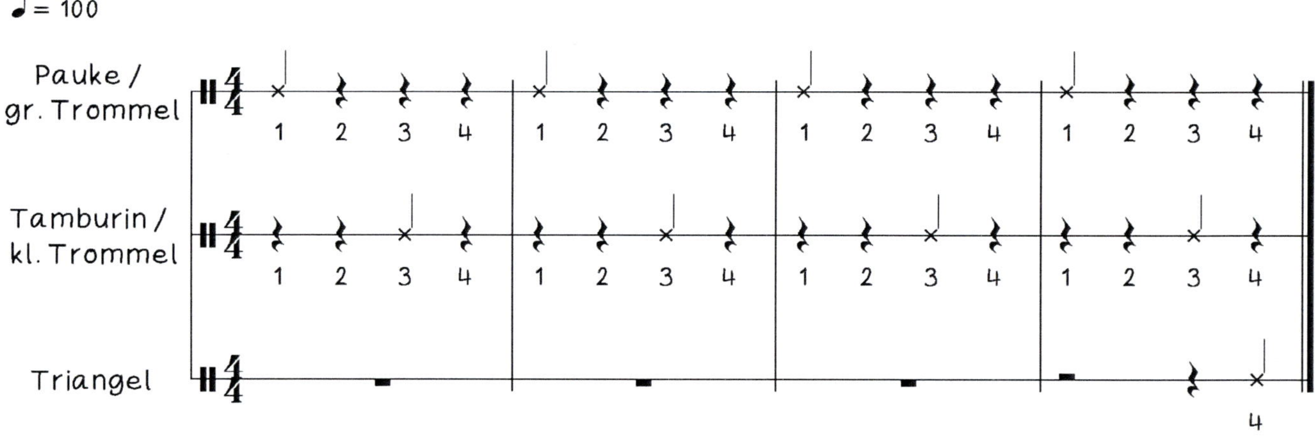

> Boomwhacker **M5**

Die Boomwhackerröhren werden an vier Kinder verteilt.
Spieltechnik: Die Röhren werden über die 4 Zählzeiten der jeweils ganzen Noten zwischen Oberschenkel und eng darüber gehaltener Handfläche der anderen Hand schnell geschlagen.

Lernmodul 3: MUSIK MACHEN
Kompaktband – Bestell-Nr. 16 115
KOHL VERLAG

> Text

A3

M6

Lieblingstiere

Tierische Raps

Lieblingstiere. Lieblingstiere.

Bei den Tieren klein und groß
ist heute wieder ganz viel los.

1. Gar nicht gut geht´s Bella Biber,
denn sie hat sehr hohes Fieber.

2. Bruno Braunbär brummt beim Fressen,
hat heute sein Besteck vergessen.

3. Cilly Ziege streichelt zart
ihren weichen Ziegenbart.

4. Vom Baum fällt plötzlich Elli Eule,
hat jetzt am Kopf ´ne dicke Beule.

5. Ferdi Ferkel hat gut lachen,
kann sich immer schmutzig machen.

6. Die Stacheln putzt sich Ingo Igel
und bewundert sie im Spiegel.

7. Flink versteckt sich Marta Maus
vor Kater Karl im Mäusehaus.

8. Paule Pony scharrt die Hufe,
wenn ich ihn leise „Paule" rufe.

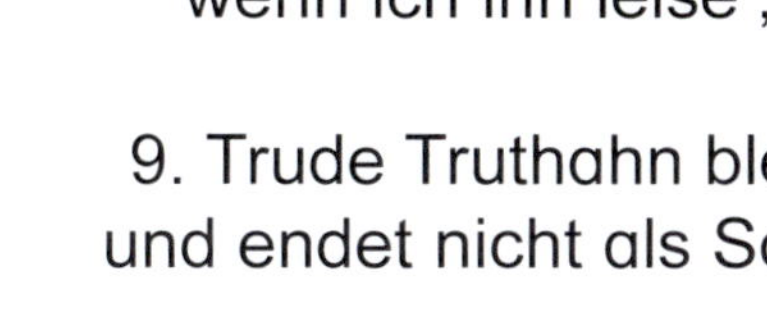

9. Trude Truthahn bleibt im Garten
und endet nicht als Sonntagsbraten.

Lieblingstiere. Lieblingstiere.

Bei den Tieren klein und groß
war heute wieder ganz viel los.

Text: Jürgen Tille-Koch
Musik: Rupert Gillett

Lernmodul 3: MUSIK MACHEN
Kompaktband – Bestell-Nr. 16 115
KOHL VERLAG

• **Lass uns spielen!** – ab Klasse 3

Kinder haben ein Recht darauf zu spielen. Dabei werden Kreativität ebenso gefördert wie soziale und emotionale Kompetenzen. „Spielend lernen heißt auch lernend spielen“ heißt es in einer Zeile des Songs.

> Notation **N9**

Lass uns spielen!

T. & M.: Jürgen Tille-Koch (2024)

♩= 150

dm Bb dm Bb A7
instr.

Refrain
F F dm dm A7 A7 A7 dm F F
Lass uns spie - len, spie-len macht viel Sinn. Lass uns spie-len, ist ein Haupt-ge-winn. Lass uns spie-len,

dm dm A7 A7 A7 dm
spie-len macht uns frei. Lass uns spie - len, du bist auch da-bei.

Strophen
dm Bb dm Bb dm Bb dm Bb A7
1. Spie - lend ler - nen heißt auch ler - nend spie-len: mal al - lei - ne und mal zu zweit und auch mal mit sehr vie - len.
2. Mal nach Re-geln, mal mit ei - ge - nen Ge-dan-ken und im - mer mit viel Herz, dei - nem Kopf und dei - ner Hand.

dm Bb dm Bb A7
instr.

Refrain
F F dm dm A7 A7 A7 dm F F dm dm
Lass uns spie - len, spie - len macht viel Sinn. Lass uns spie-len, ist ein Haupt-ge-winn. Lass uns spie-len, spie-len macht uns frei.

A7 A7 1. A7 dm 2. A7 rit. dm
Lass uns spie - len. du bist auch da - bei. du bist auch da - bei.

Lernmodul 3: MUSIK MACHEN
Kompaktband – Bestell-Nr. 16 115
KOHL VERLAG

> Text darstellen

Lass uns spielen!

Die Aufwärtsbewegung der Melodie in der Einleitung und vor dem letzten Durchgang des Refrains wird mitgestaltet:

- mit gestreckten Armen und zappelnden Händen in die Hocke gehen
- mit dem Melodieverlauf langsam in die Höhe gehen
- im letzten Takt mit gestrecktem Körper und gestreckten Händen stehen

Die Bewegungsvorschläge werden in der Gruppe eingeübt.
Der Refrain wird von allen dargestellt. Einige der genannten Begriffe in den beiden Strophen werden entsprechend der Möglichkeiten gespielt, dargestellt oder gezeigt.

Refrain

Lass uns spielen, spielen macht viel Sinn.
Lass uns spielen, ist ein Hauptgewinn.
Lass uns spielen, spielen macht uns frei.
Lass uns spielen, du bist auch dabei!

1. Spielend lernen heißt auch
lernend spielen:
mal alleine und mal zu zweit
und auch mal mit sehr vielen.

Refrain

2. Mal nach Regeln, mal mit
eigenen Gedanken und
immer mit viel Herz,
deinem Kopf und deiner Hand.

Bewegungsvorschläge:

fröhlich hin und her hüpfen, drehen ...

stehen, nach vorne schauen

auf sich selber, dann auf einen Nachbarn zeigen, dann Rundumblick mit breiten Armen

Daumen hoch, Zeigefinger an den Kopf

Hand auf Herz und Kopf

Daumen hoch

Lernmodul 3: MUSIK MACHEN
Kompaktband – Bestell-Nr. 16 115

Songs & mehr

• **Sunshine Reggae** – ab Klasse 4

Der Song „Sunshine Reggae“ aus dem Jahr 1981 stammt von der der dänischen Popgruppe „Laid Back“.
Ein typisches Merkmal des Rhythmus´ ist die Betonung zwischen den Zählzeiten durch Gitarre, Keyboards, Bläser und/oder das Hi-Hat des Schlagzeugs (Fachbegriff „Off-Beat“).
Das Arrangement orientiert sich an der Version, die auf YouTube abgelegt ist unter https://www.youtube.com/watch?v=HfVqAqjNgU0 (Stand: September 2024).

Das Arrangement ist passend zum Original notiert. Öffnet den Link in der Info-Box und spielt zum Original dazu. Ihr könnt es natürlich auch zum Text und diesen folgenden, typischen Reggae-Rhythmen live präsentieren.

Boomwhacker und Hi-hat spielen zwischen den Zählzeiten:

Hi-Hat/Cabasa/Tamburin/o.ä.:

Boomwhacker:

> Text

Gimme gimme, gimme just a little smile, that‘s all I ask of you
Gimme gimme, gimme just a little smile, we got a message for you

Sunshine, sunshine reggae, don‘t worry, don‘t hurry, take it easy!
Sunshine, sunshine reggae, let the good vibes get a lot stronger!

Gimme gimme, gimme just a little smile,
That‘s all I ask of you (is that too much?)
Gimme gimme, gimme just a little smile,
We got a message for you

Sunshine, sunshine reggae, let the good vibes get a lot stronger!
Sunshine, sunshine reggae, don‘t worry, don‘t hurry, take it easy!
Sunshine, sunshine reggae, let the good vibes get a lot stronger
Get a lot stronger,…

Das Arrangement ergibt sich aus dieser Songvorlage.

> Notation

N10

Sunshine Reggae

Musik & Text: Laid Back (1981)

Lernmodul 3: MUSIK MACHEN
Kompaktband – Bestell-Nr. 16 115
KOHL VERLAG

> Arrangement

N11

Einleitung 1+2 / Zwischenspiel

Arr.: J. Tille-Koch

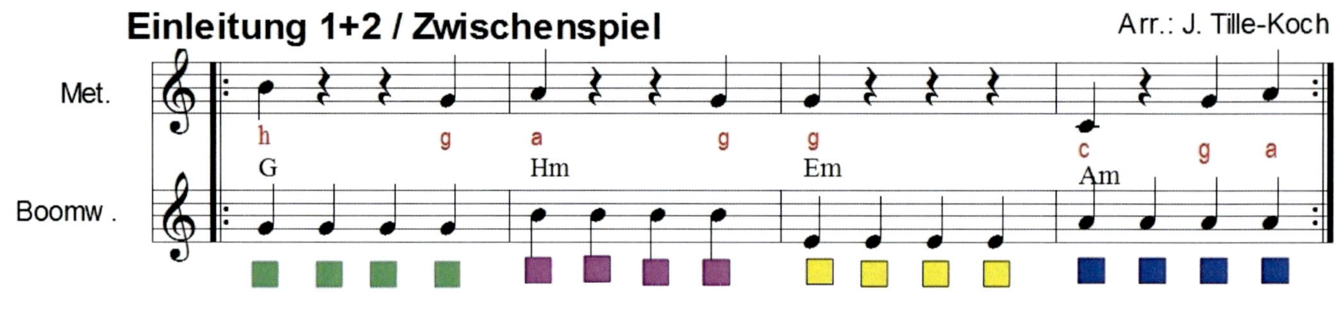

Strofen

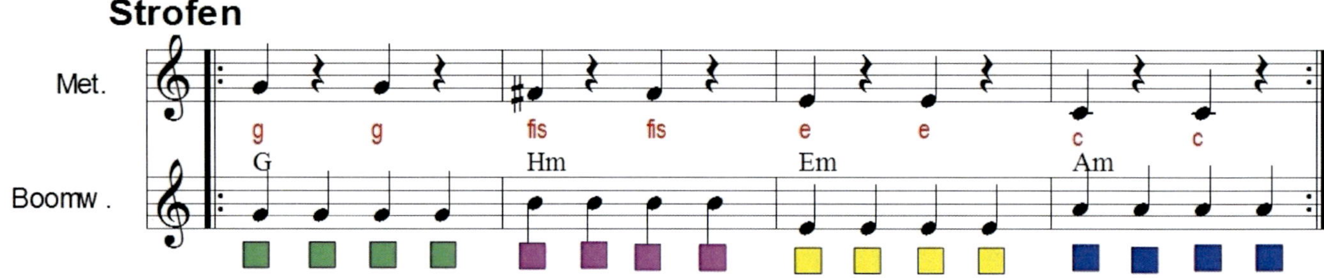

Refrain

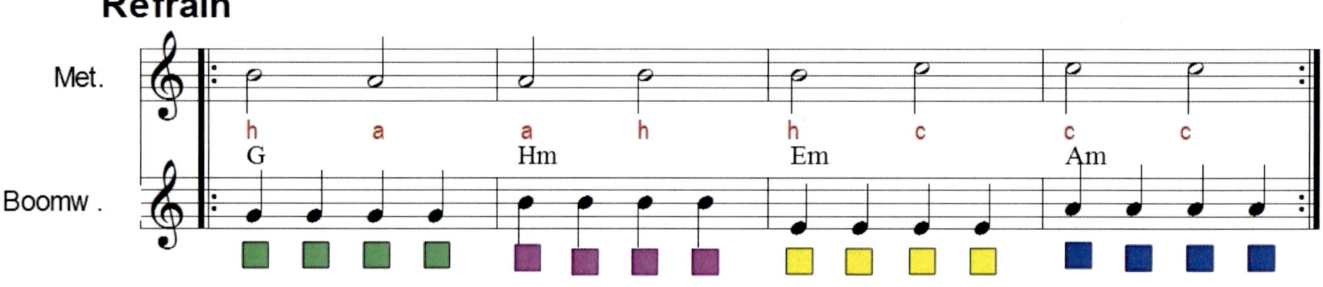

Schluss

Reihenfolge:

Einleitung 1 (1 x) – Einleitung 2 (2 x) – 1. Strophe (2 x) – Refrain 1 (2 x) – Zwischenspiel (2 x) – 2. Strophe (2 x) – Refrain 2 (7 x) – Schluss (2 x)

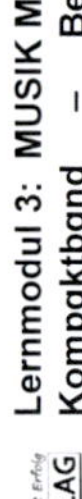

Lernmodul 3: MUSIK MACHEN – Kompaktband – Bestell-Nr. 16 115

• **The Wellerman** – ab Klasse 5

Zum Song
Das Seemannslied „Wellerman" hat eine fast unglaubliche Geschichte.
Sea Shanties werden und wurden von Seeleuten gesungen, um die schwere körperliche Arbeit auf dem Schiff zu erleichtern und sich gemeinsam im Takt zu bewegen und zu motivieren. In ihrer Freizeit konnten sie dadurch auch ihre Sehnsüchte und Erlebnisse ausdrücken.
Der schottische Postbote und Sänger Nathan Evans stellte 2020 auf TikTok einige Sea Shantys ein und traf damit in der Zeit der Corona-Pandemie die Träume und Sehnsüchte dieser Zeit.
2021 veröffentlichte er das Shanty „The Wellerman". Das Lied beschreibt zwar in erster Linie das Fangen und Zerlegen von Walen, es geht jedoch um mehr. Die Crew arbeitet und hält auf hoher See zusammen und unterstützt sich gegenseitig – eine Situation, die schwierige Zeiten leichter ertragen lässt.
Die Einsamkeit im Lockdown der Pandemie erinnert aber auch an die Situation, dass alle „im selben Boot sitzen". Dieses Bild findet sich in diesem Song wieder.
Inzwischen hat Nathan seinen Job aufgegeben und das Angebot einer Plattenfirma angenommen, seine Songs dort zu veröffentlichen – eine Entwicklung, die er selbst weder im Kopf gehabt, noch für möglich gehalten hat.

Zum Songarrangement

Die Notation orientiert sich am offiziellen Musik-Video:
https://www.youtube.com/watch?v=SLiNQhQr4G4

Stimme / Rhythmus
Der Gesang wird von durchgehend geschlagenen Vierteln auf Percussions wie z.B. Bongo, Konga, Handtrommel usw. begleitet. Er wird vor einer Live-Realisation zum o.g. Live-Video geübt.

Refrain 3-stimmig
Die 3-stimmige Umsetzung des Refrains orientiert sich an der Leistungsfähigkeit der Lerngruppe.

Fächerübergreifende Projekte
Der Song ist ergänzend zum Klassenmusizieren für fächerübergreifende Projekte in z.B. MINT/Biologie (Wal-/Fischfang), Wirtschaft/Soziales (Güterverkehr; Berufe) und Englisch (Texterarbeitung/Wortschatzarbeit) geeignet.

> Notation **N12**

The Wellerman

Shanty

trad. aus Neuseeland
Arr.: Jürgen Tille-Koch

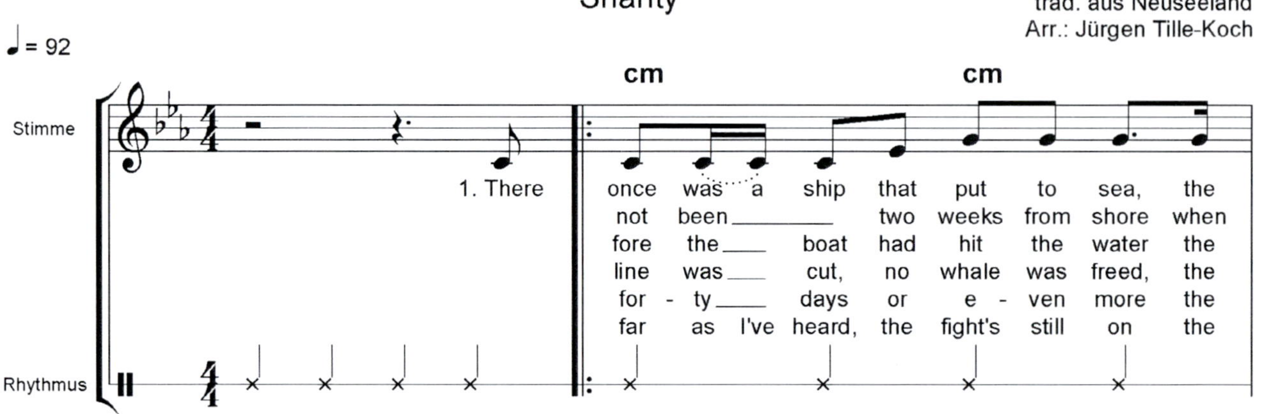

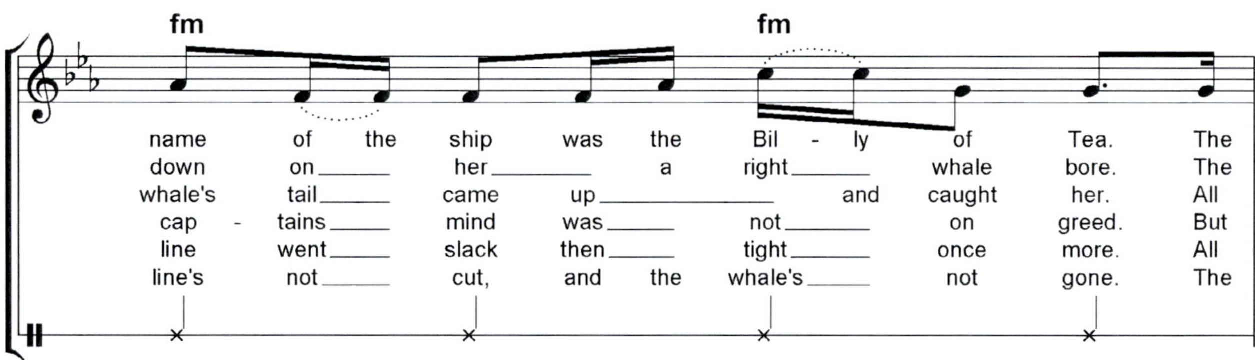

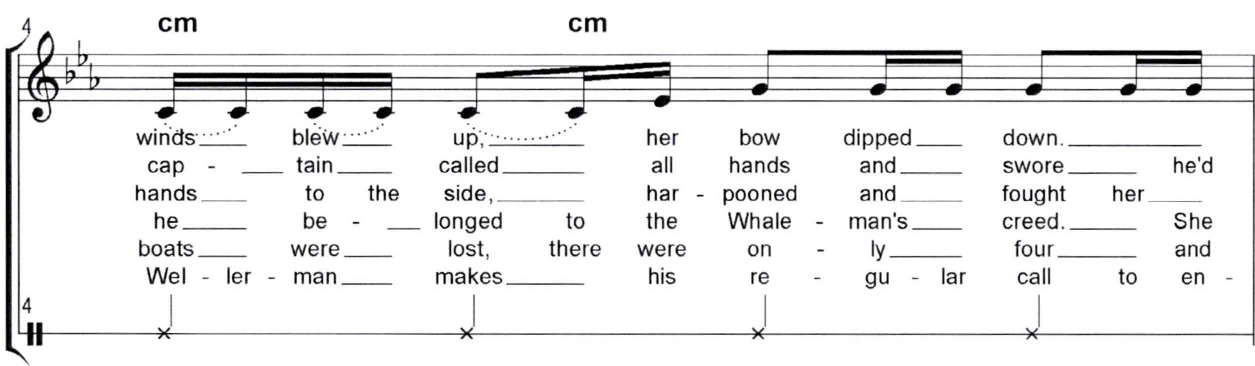

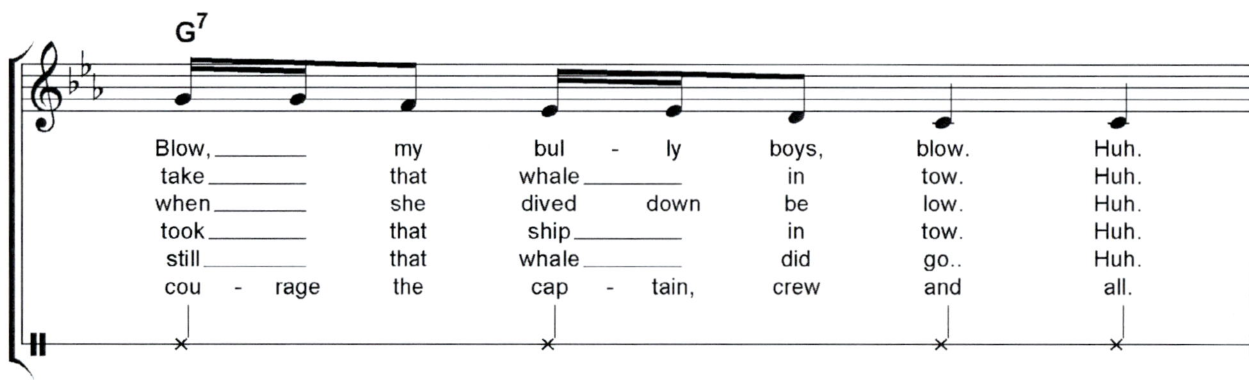

Lernmodul 3: MUSIK MACHEN – Kompaktband – Bestell-Nr. 16 115
KOHL VERLAG

> Notation

N12

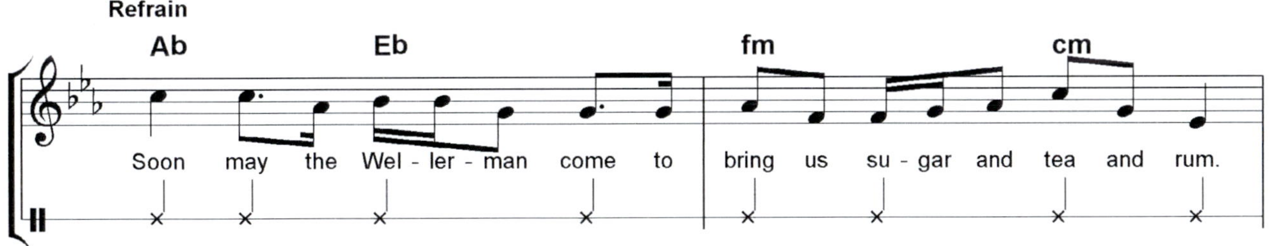

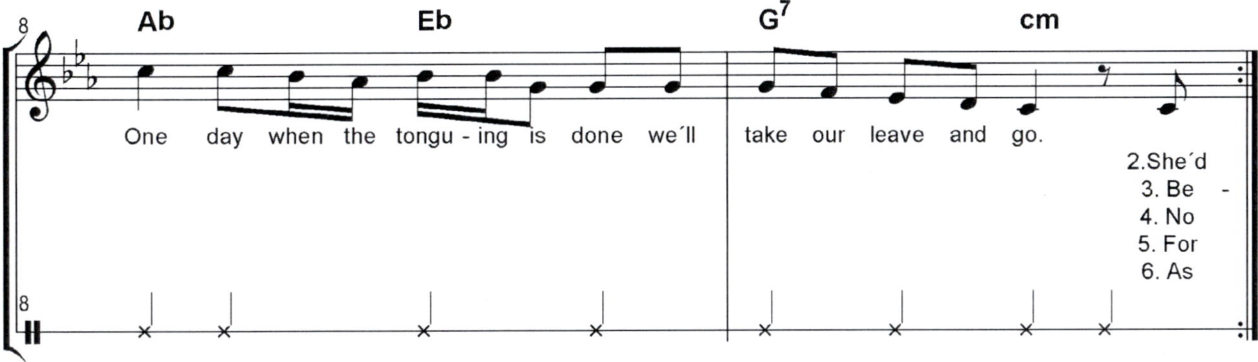

> Refrain 3-stimmig

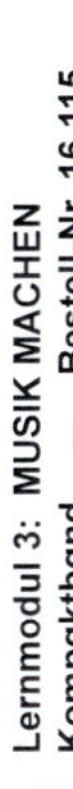
Lernmodul 3: MUSIK MACHEN Kompaktband – Bestell-Nr. 16 115

> Text

M7

The Wellerman

1. There once was a ship that put to sea
   The name of the ship was the Billy of Tea
   The winds blew up, her bow dipped down
   Blow, my bully boys, blow (huh)

Refrain: Soon may the Wellerman come
To bring us sugar and tea and rum
One day, when the tonguing is done
We'll take our leave and go

2. She`d not been two weeks from shore
   When down on her a right whale bore
   The captain called all hands and swore
   He'd take that whale in tow (huh)

Refrain (2x), Wiederholung über den Silben da da da

3. Before the boat had hit the water
   The whale's tail came up and caught her
   All hands to the side, harpooned and fought her
   When she dived down below (huh)

Refrain

4. No line was cut, no whale was freed
   The captain's mind was not on greed
   But he belonged to the Whaleman's creed
   She took that ship in tow (huh)

Refrain (2x), Wdhlg. über da da da

5. For forty days or even more
   The line went slack then tight once more
   All boats were lost, there were only four
   And still that whale did go

Refrain

6. As far as I've heard, the fight's still on
   The line's not cut, and the whale's not gone
   The Wellerman makes his regular call
   To encourage the captain, crew and all

Refrain (2x), 2. Mal ohne Rhythmus

KOHL VERLAG Lernmodul 3: MUSIK MACHEN Kompaktband – Bestell-Nr. 16 115

Songs & mehr

- **Dvořák meets Schubert** – ab Klasse 5

Antonin Dvořák 9. Sinfonie e-Moll „Aus der neuen Welt“ entstand während seines dreijährigen Amerikaaufenthaltes. Das hier verarbeitete Hauptthema des 4. Satzes wird im Original vom vollen Orchester marschartig vorgetragen und kündet pathetisch von der „Neuen Welt“. Die Originaltonart ist in der Notation beibehalten.
Franz Schubert begann mit der Sinfonie Nr. 8 h-Moll im Jahr 1822. Der Grund, warum diese Sinfonie „unvollendet“ blieb, ist bis heute ungeklärt. Sie wurde erst 1865 von Johann von Herbeck bei Schuberts Freund Anselm Hüttenbrenner aufgefunden und unter Herbecks Leitung dann am 17. Dezember in den Redouten-Sälen der Wiener Hofburg uraufgeführt. Das hier berücksichtigte, volksliedhafte Thema des ersten Satzes steht für die große Popularität der Sinfonie. Auch dieses Thema ist in der Originaltonart gesetzt.
Die Instrumentierung des dynamischen Dvořák-Themas und des ruhigeren, leiseren Schubert-Themas kann ihrem Charakter entsprechend ergänzt bzw. geändert werden. Der letzte Takt im Dvořák-Arrangement leitet den Wechsel in einen Dreiertakt und über den Akkord „D7“ zum Schubert-Arrangement über. Ritardando beim Übergang beachten, um das langsamere Tempo des 3er-Taktes vorzubereiten.

Zu den Arrangements

- Antonin Dvořák: Sinfonie Nr. 9 e-Moll „Aus der neuen Welt“, 4. Satz (1893)
  Franz Schubert: Sinfonie Nr. 8 h-Moll „Unvollendete“, 1. Satz (1885)

Themen

Die beiden Themen werden von den vorhandenen Melodieinstrumenten gespielt.

Begleitung/Bass/Boomwhacker

Die Bass-Stimmen sind im Bass-Schlüssel notiert. Der Bassschlüssel wird für tiefere Stimmen und Instrumente verwendet. Er ermöglicht es, unterhalb von c‘ zu spielen.
Die zweistimmige Begleitung kann auch einstimmig umgesetzt werden. In diesem Fall wird der untere der beiden Töne berücksichtigt.
Die notierten Boomwhacker-Stimmen können je nach Möglichkeit berücksichtigt werden.

> A Antonin Dvořák: Sinfonie Nr. 9 e-Moll „Aus der neuen Welt“, Hauptthema 4. Satz

• Arrangement **N13**

1 Aus der neuen Welt

Antonin Dvorák: Sinfonie Nr. 9, Thema 4. Satz (1893)

♩ = 124 Arr.: Jürgen Tille-Koch

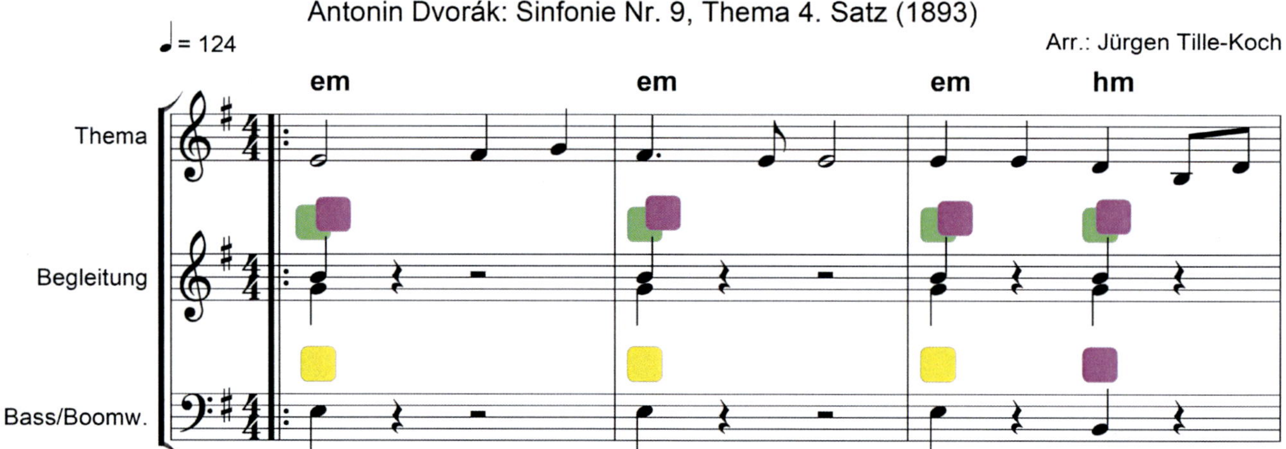

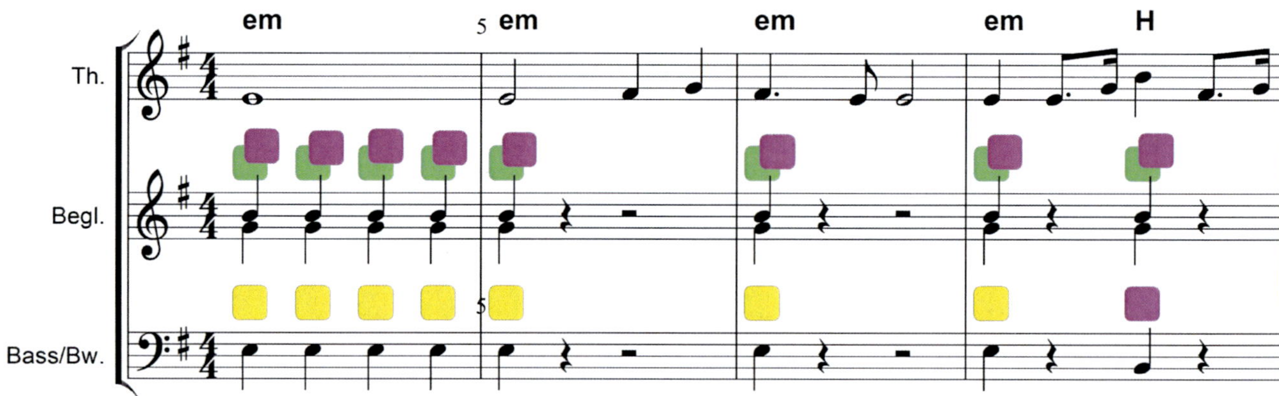

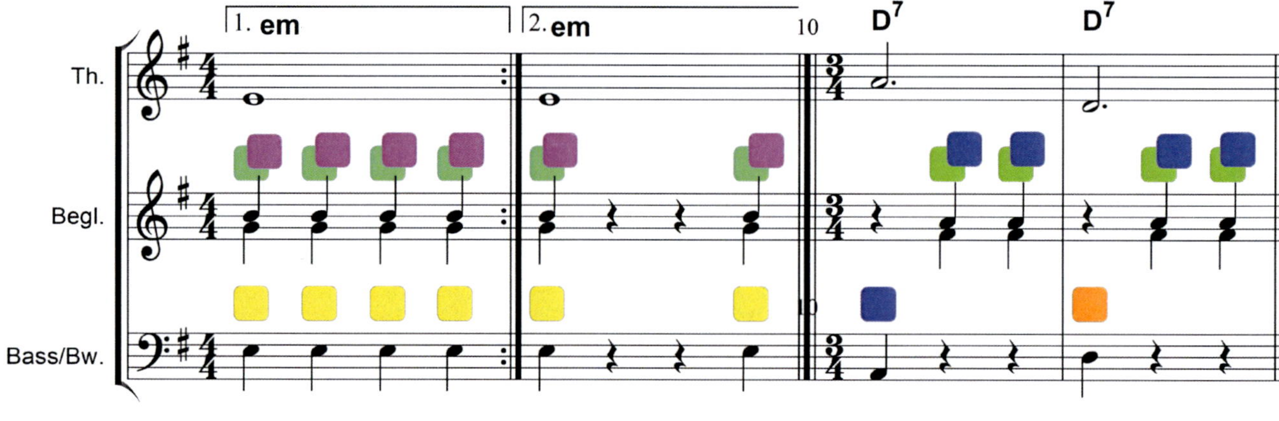

Lernmodul 3: MUSIK MACHEN Kompaktband – Bestell-Nr. 16 115
KOHL VERLAG

• **Thema: Melodieinstrumente, Piano, Keyboard etc.** **N13**

1 Aus der neuen Welt

Antonin Dvorák: Sinfonie Nr. 9, Thema 4. Satz (1893)

Arr.: Jürgen Tille-Koch

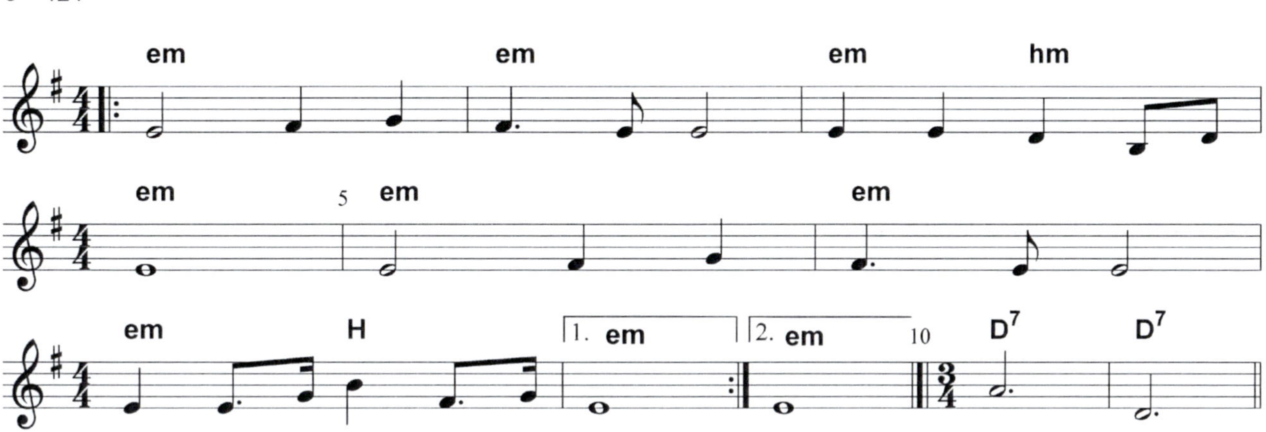

• **Begleitung: Stabspiele, Boomwhacker etc.**

1 Aus der neuen Welt

Antonin Dvorák: Sinfonie Nr. 9, Thema 4. Satz (1893)

Arr.: Jürgen Tille-Koch

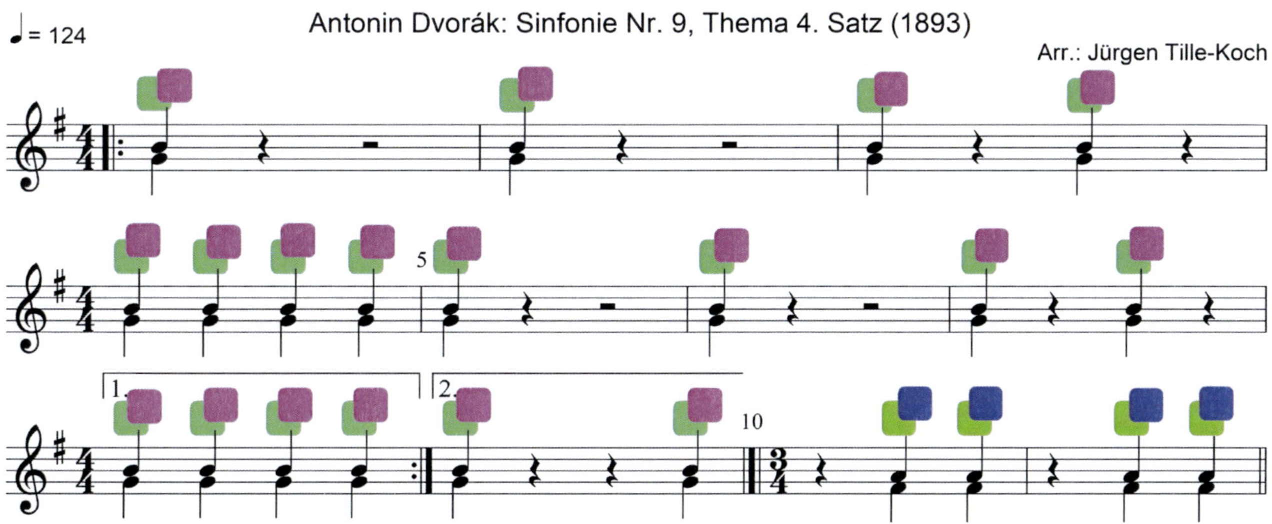

• **Bass, Boomwhacker ad lib.**

1 Aus der neuen Welt

Antonin Dvorák: Sinfonie Nr. 9, Thema 4. Satz (1893)

Arr.: Jürgen Tille-Koch

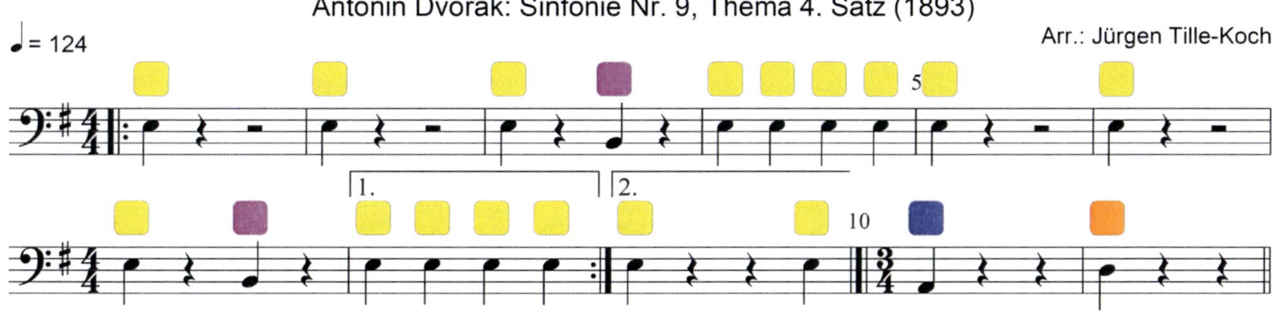

Lernmodul 3: MUSIK MACHEN – Kompaktband – Bestell-Nr. 16 115
KOHL VERLAG

> B Franz Schubert: Symphonien Nr. 8 h-Moll „Unvollendete", Thema 1. Satz – ab Klasse 5

• Arrangement **N13**

2 Unvollendete

Franz Schubert: Sinfonie Nr. 8, Thema 1. Satz (1885)

Arr.: Jürgen Tille-Koch

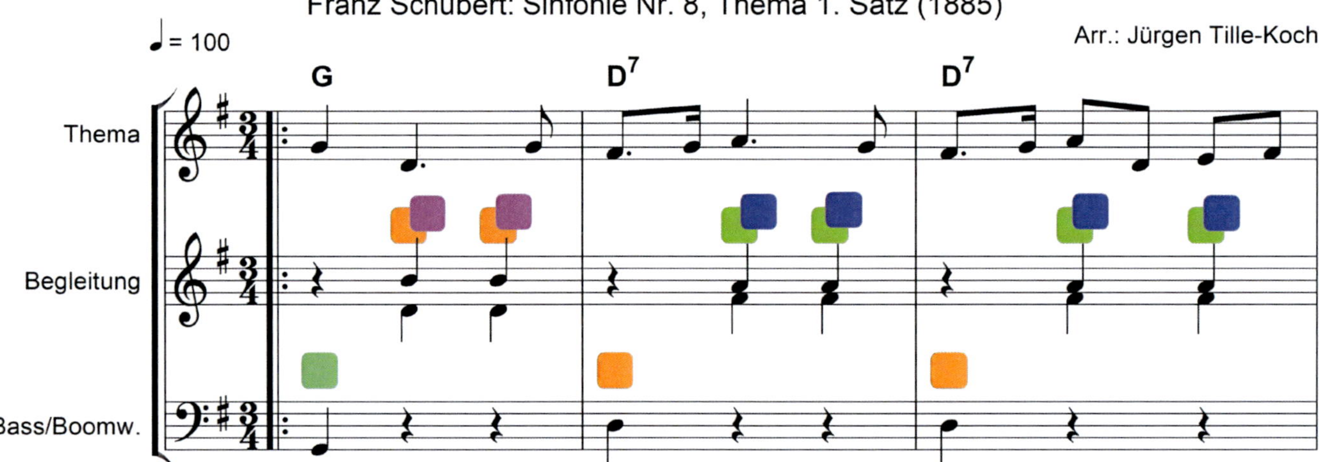

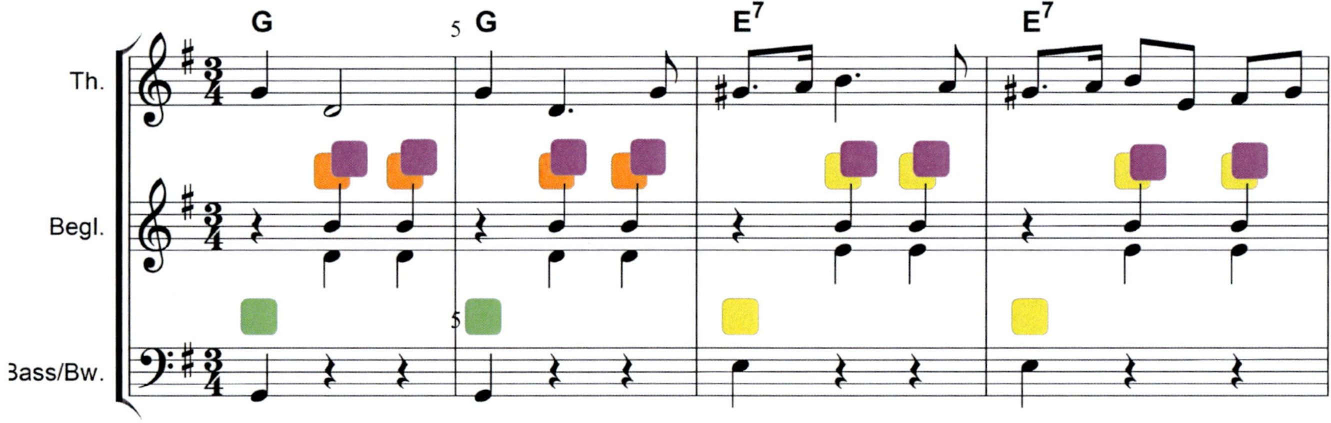

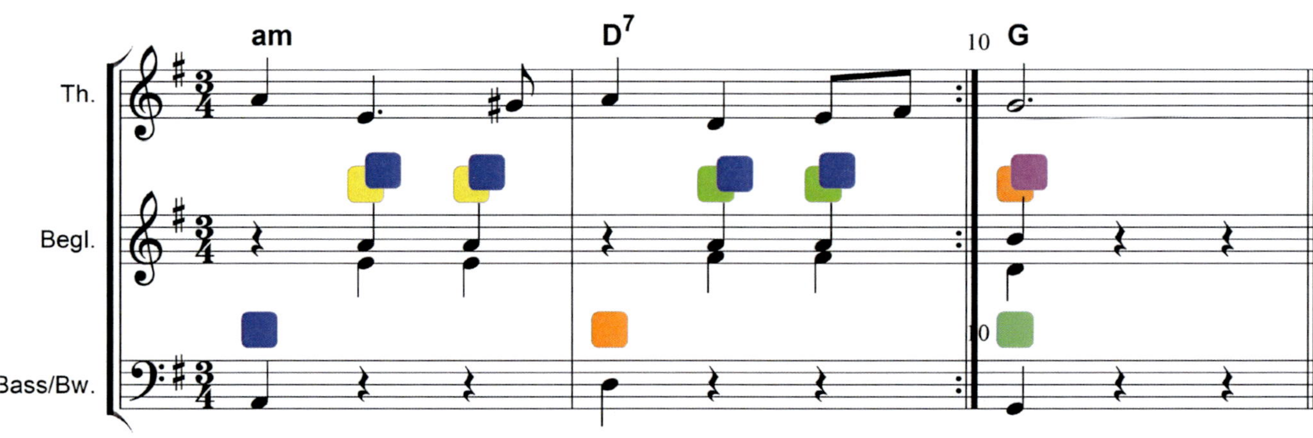

Lernmodul 3: MUSIK MACHEN Kompaktband – Bestell-Nr. 16 115
KOHL VERLAG

• **Thema: Melodieinstrumente, Piano, Keyboard etc.** **N13**

2 Unvollendete

Franz Schubert: Sinfonie Nr. 8, Thema 1. Satz (1885)

Arr.: Jürgen Tille-Koch

♩= 100

• **Begleitung: Stabspiele, Boomwhacker etc.**

2 Unvollendete

Franz Schubert: Sinfonie Nr. 8, Thema 1. Satz (1885)

Arr.: Jürgen Tille-Koch

♩= 100

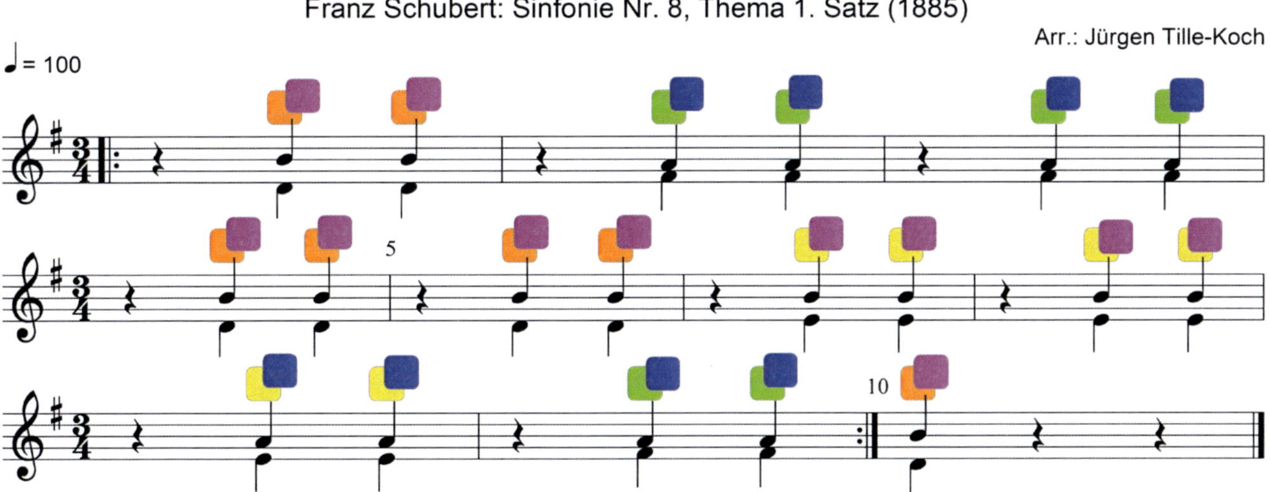

• **Bass, Boomwhacker ad lib.**

2 Unvollendete

Franz Schubert: Sinfonie Nr. 8, Thema 1. Satz (1885)

Arr.: Jürgen Tille-Koch

♩= 100

Lernmodul 3: MUSIK MACHEN – Bestell-Nr. 16 115
Kompaktband
KOHL VERLAG

• **Tage wie diese** – Klasse 7 (erhöhte Anforderungen)

Zum Song

Der Song „Tage wie diese“ der Düsseldorfer Band „Tote Hosen“ wurde 2012 als Singleauskoppelung des Albums „Ballast der Republik“ veröffentlicht. Das Arrangement folgt in der Originaltonart D-Dur der Aufnahme, die im Internet unter https://www.youtube.com/watch?v=j09hpp3AxIE abgelegt ist.
Es ist in erster Linie als Mitspielsatz zu dieser Aufnahme zu empfehlen, da die prägenden Gitarrensoli und deren Sound live schwer zu realisieren sind.

Zum Songarrangement

Melodie

Als Einstieg kann der Song zur Gitarrenbegleitung der Lehrperson oder vorzugsweise einer Schülerin/eines Schülers eingeübt werden.

Boomwhackers

Die Boomwhackers können ad lib. eingesetzt werden. Zur Umsetzung der Stimme bieten sich die auf S. 7 unter „Spieltechnik“ beschriebenen Bewegungsklänge an.

Bass

Die in der Bassstimme notierten ganzen Noten werden nur in der ersten Strophe gespielt, dann gelten die punktierten Viertel.

Rhythmus

Der notierte Schlagzeugrhythmus wird nur in der Live-Realisation berücksichtigt und setzt mit der 2. Strophe ein.

Text

Der Song beschreibt in der Ich-Perspektive, das Glücksgefühl, das beim Feiern mit Musik entsteht. Text und Musik bieten sich als ***fächerverbindendes Projekt*** zur inhaltlichen Auseinandersetzung in den Fächern Deutsch, Ethik und/oder Philosophie an.

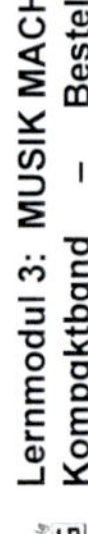

> Songarrangement

Tage wie diese

Text: Campino & Birgit Minichmayr (2012)
Musik: Andreas von Holst
Arr.: Jürgen Tille-Koch

Lernmodul 3: MUSIK MACHEN – Bestell-Nr. 16 115
Kompaktband
KOHL VERLAG

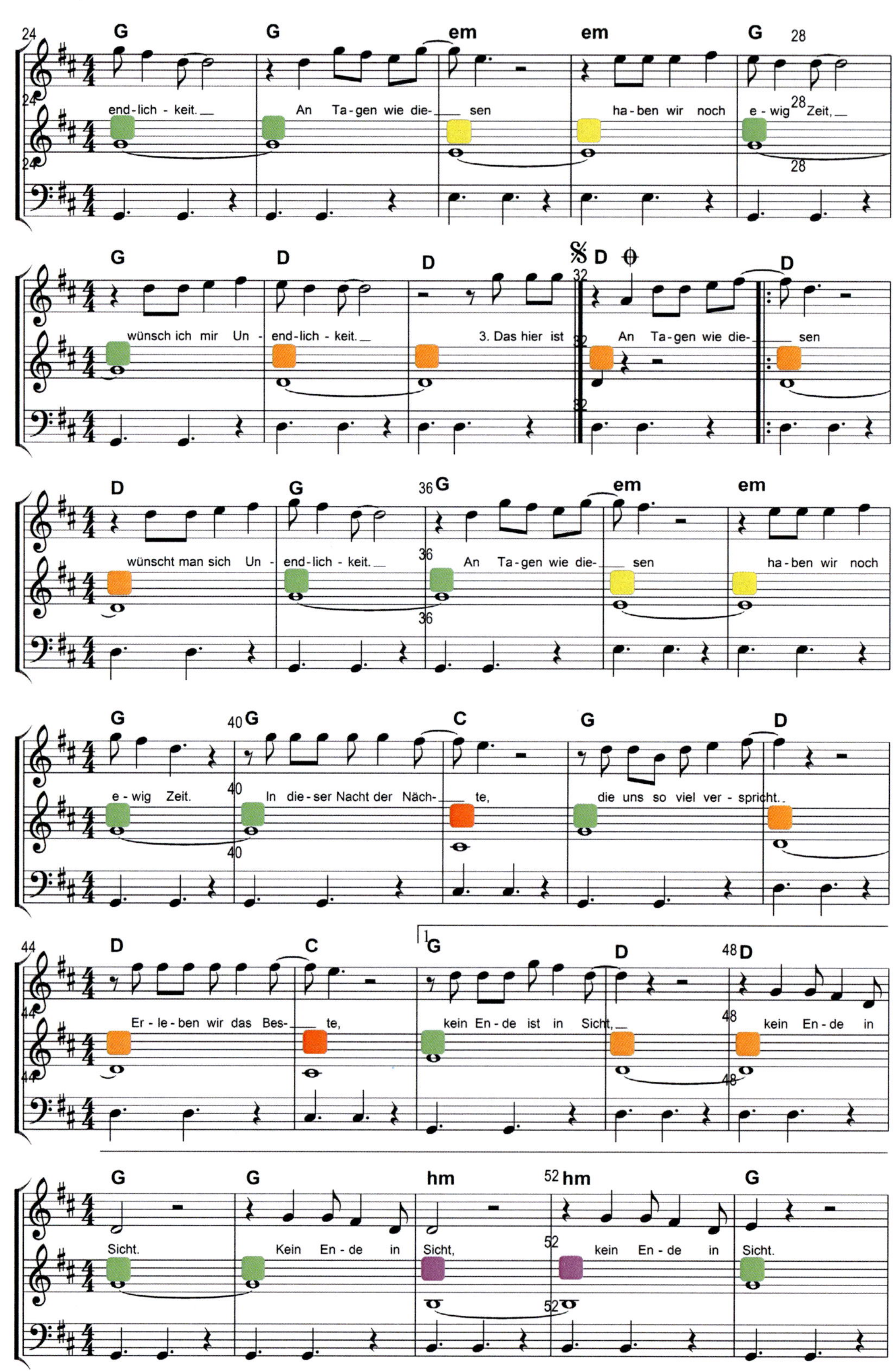

Lernmodul 3: MUSIK MACHEN
Kompaktband – Bestell-Nr. 16 115
KOHL VERLAG

• Rhythmus

Das Schlagzeug setzt nach dem Auftakt zur 2. Strophe ein.

Base (große Trommel):	auf den Zählzeiten 1 und 3
Snare (kleine Trommel):	auf den Zählzeiten 2 und 4
Hi-hat:	durchgeschlagene Achtel auf und zwischen den Zählzeiten

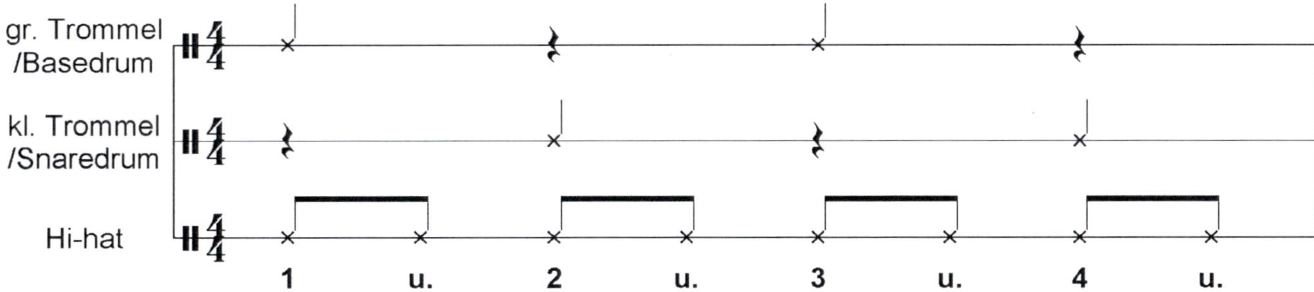

alternative Rhythmusinstrumente:

gr. Trommel:	Pauke, Handtrommel, Holzblocktrommel,
kl. Trommel:	Tamburin, Schellenkranz,
Hi-hat:	Claves, Tamburin,

Lernmodul 3: MUSIK MACHEN Kompaktband – Bestell-Nr. 16 115
KOHL VERLAG

> Melodie

N14

Tage wie diese

Text: Campino & Birgit Minichmayr (2012)
Musik: Andreas von Holst
Arr.: Jürgen Tille-Koch

Lernmodul 3: MUSIK MACHEN Kompaktband – Bestell-Nr. 16 115
KOHL VERLAG

> Boomwhackers

a) Spieltechnik

Die Klänge der Boomwhackers sind durchgehend als ganze Noten notiert und werden durchgehend als Bewegungsklang geschlagen.

Beispiel Notation:

Spieltechnik:

⁓⁓ Symbol für einen Bewegungsklang

Die mit einer Hand kurz gefasste Röhre schlägt das andere Ende in schnellem Wechsel zwischen der Handfläche der anderen Hand und dem Oberschenkel. Die Dauer des entstehenden Bewegungsklanges beträgt jeweils vier Zählzeiten, die Haltebogen verlängert den Klang entsprechend.

b) Notation

N15

Tage wie diese

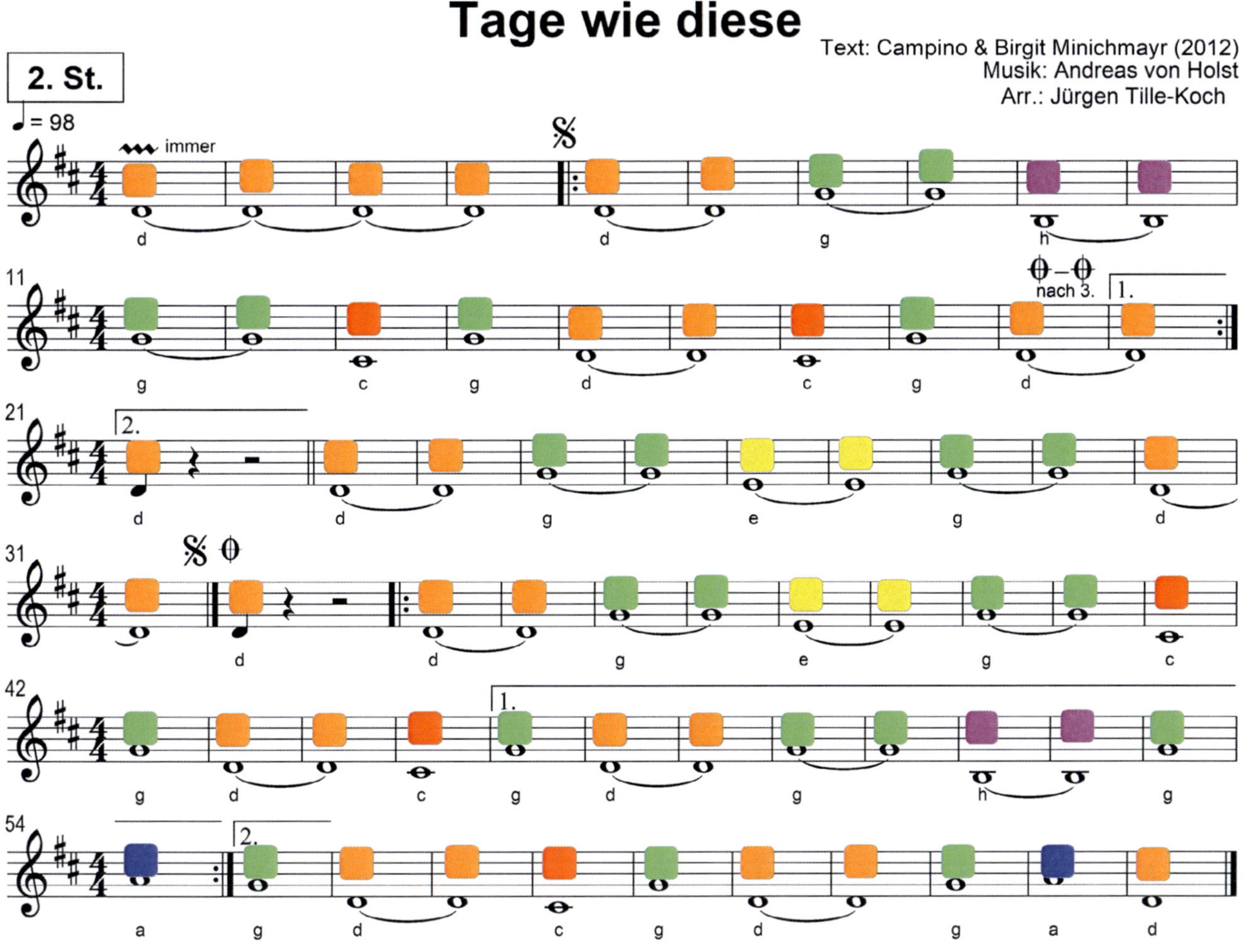

> Bass **N16**

Tage wie diese

Bass

Text: Campino & Birgit Minichmayr (2012)
Musik: Andreas von Holst
Arr.: Jürgen Tille-Koch

♩ = 98

4 — 8 — Ganze nur 1. Str.

d d d d g g g g h h

12

h h g g g g c c g g

16 — nach 3.

d d d d c c g g d d

20 — 1. — 2. — 24

d d d d d d g g g g

28

e e e e g g g g d d

32

d d d d d d d d g g

36 — 40

g g e e e e g g g g

44 — 1.

c c g g d d d d c c g g

48 — 52

d d d d g g g g h h h h

2. — 56

g g a g g d d d d c c

60 — 64

g g d d d d g g a a d

Lernmodul 3: MUSIK MACHEN – Bestell-Nr. 16 115
Kompaktband
KOHL VERLAG Lernen mit Erfolg

> Text **M8**

Tag wie diese

1. Ich wart' seit Wochen auf diesen Tag
Und tanz' vor Freude über den Asphalt
Als wär's ein Rhythmus, als gäb's ein Lied
Das mich immer weiter durch die Straßen zieht
Komm' dir entgegen dich abzuholen, wie ausgemacht
Zu derselben Uhrzeit, am selben Treffpunkt, wie letztes Mal

2. Durch das Gedränge der Menschenmenge
Bahnen wir uns den altbekannten Weg
Entlang der Gassen zu den Rheinterrassen
Über die Brücken bis hin zu der Musik
Wo alles laut ist, wo alle drauf sind um durchzudrehen
Wo die anderen warten um mit uns zu starten und abzugehen

Refrain 1: An Tagen wie diesen wünscht man sich Unendlichkeit
An Tagen wie diesen haben wir noch ewig Zeit
Wünsch' ich mir Unendlichkeit

3. Das hier ist ewig, ewig für heute
Wir steh´n nicht still für eine ganze Nacht
Komm' ich trag' dich durch die Leute
Hab' keine Angst ich gebe auf dich Acht
Wir lassen uns treiben, tauchen unter, schwimmen mit dem Strom
Drehen unsere Kreise, kommen nicht mehr runter, sind schwerelos

Refrain 2: An Tagen wie diesen wünscht man sich Unendlichkeit
An Tagen wie diesen haben wir noch ewig Zeit
In dieser Nacht der Nächte, die uns so viel verspricht
Erleben wir das Beste
Kein Ende ist in Sicht, kein Ende in Sicht
Kein Ende in Sicht, kein Ende in Sicht

An Tagen wie diesen wünscht man sich Unendlichkeit
An Tagen wie diesen haben wir noch ewig Zeit
In dieser Nacht der Nächte, die uns so viel verspricht
Erleben wir das Beste
Kein Ende ist in Sicht, kein Ende in Sicht
Erleben wir das Beste und kein Ende in Sicht
Kein Ende in Sicht

Höre den Song: https://www.youtube.com/watch?v=j09hpp3AxIE

KOHL VERLAG Lernmodul 3: MUSIK MACHEN Kompaktband – Bestell-Nr. 16 115

• **All you Zombies** – Klasse 7 (erhöhte Anforderungen)

Zum Song
Der Song der US-amerikanischen Rockband „The Hooters" aus dem Jahr 1982 wird zur Kategorie melodiöser Folkrock gezählt. Die Realisierung des Songs stellt erhöhte Anforderungen und erfordert Praxiserfahrungen im Bereich Klassenmusizieren. Das Arrangement ist orientiert an der Aufnahme, die im Internet unter https://www.youtube.com/watch?v=nbBxrPCClyo abgelegt ist. Es ist in erster Linie als Mitspielsatz zu dieser Aufnahme zu empfehlen, da die prägenden Gitarrensoli und deren Sound live schwer zu realisieren sind.

Zum Songarrangement

Melodie/Soloinstrumente
Die in dieser Stimme klein gesetzten Notensymbole beziehen sich auf die rein instrumentale Melodie.

Begleitung
Die Begleitung kann von allen zur Verfügung stehenden Instrumenten umgesetzt werden, wobei Bassinstrumente ebenfalls zum Einsatz kommen sollten.

Boomwhackers
Die Boomwhackers können ad lib. eingesetzt werden. Zur Umsetzung bieten sich die auf S. 7 unter „Spieltechnik" beschriebenen Bewegungsklänge an.

Text
Der Song greift zwei Themen aus dem Alten Testament auf: Moses beim Empfangen der Zehn Gebote und Noah mit seiner Arche. Der Songtext bezieht sich mit diesen biblischen Personen auf Verhalten von und Konsequenzen für Außenseiter. Text und Musik bieten sich als ***fächerverbindendes Projekt*** zur inhaltlichen Auseinandersetzung in den Fächern Ethik und/oder Philosophie an.

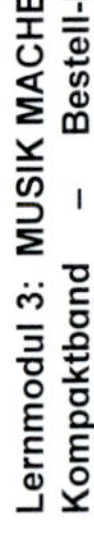

> Songarrangement

All You Zombies

Folkrock

♩= 85, quasi Reggae

The Hooters (1982)
Arr.: Jürgen Tille-Koch

Intro
F G | Wdhlg. 5 x am | am | F | G | F C | am

Strophen
dm am | C G | dm am | Gsus4 G

1. Ho - ly Mo-ses met the Pha - raoh. Yeah, he tried to set him straight.
3. No one e - ver spoke to No - ah. They all laughed at him in - stead.

dm am | C G | F C | am

Looked him in the eye. "Let my peo - ple go."
Wor - king on his ark. Wor-king all by him-self.

dm am | C G | dm am

2. Ho - ly Mo - ses on the moun - tain. High a - bove the gol - den
4. On - ly No - ah saw it com - ing. For - ty days and for - ty
5. Ho - ly Fa - ther, what´s the mat - ter? Where have all your chil - dren

Gsus4 G | dm am | C G

calf. Went to get the Ten Com - mand - ments.
nights. Took his sons and daugh - ters with him.
gone? Sit - ting in the dark, liv - ing all by them - selves.

Lernmodul 3: MUSIK MACHEN
Kompaktband – Bestell-Nr. 16 115

Refrain (nach Str. 5 wdhl., dann ⊕)

F C 24 am dm am

Yeah, he´s just gonna break them in_ half! All you Zom-bies hide your
Yeah, they were the Is___ - rae - lites. show
You don´t have to hide__ a-ny 24 more.

C G dm am 28 G sus4 G dm am C G

fa - ces. All you peo-ple in the street. All you sit-tin´ in high pla - ces.

F C 32 am ⊕ - ⊕ am F G 36 am

The pie-ces gon-na fall on you.

Überleitung

instr. Wdhlg. 3 x

am F G 40 F C am dm am 44 dm

am dm am 48 F C am ⊕ am am

52 am am am am 56 am am

rit.

Lernmodul 3: MUSIK MACHEN – Kompaktband – Bestell-Nr. 16 115

> Begleitung

N17

All You Zombies

Melodie/Soloinstr.

Folkrock

The Hooters (1982)
Arr.: Jürgen Tille-Koch

Lernmodul 3: MUSIK MACHEN – Kompaktband – Bestell-Nr. 16 115
KOHL VERLAG

N17

Lernmodul 3: MUSIK MACHEN
Kompaktband – Bestell-Nr. 16 115
KOHL VERLAG

Songs & mehr

> Rhythmus

Der Reggae ist eine Stilrichtung der populären Musik, die sich Ende der 1960er-Jahre entwickelte. Typisches Merkmal des ruhigen Reggae-Rhythmus` ist der Off-Beat: die Betonung liegt nicht auf, sondern zwischen den Zählzeiten eines 4/4-Taktes.
Damit werden die eigentlich unbetonten Zählzeiten zu betonten.
Dieser Rhythmus ist seit vielen Jahren in sehr vielen Pop- und Rocksongs zu finden. Die Hooters berücksichtigen ihn in sehr vielen ihrer Songs.
Der Off-Beat zwischen den Zählzeiten wird nicht nur vom Schlagzeug (z.B. Hi-hat) gespielt, sondern in der Regel auch von Gitarre und/oder Keyboard übernommen.

Einfaches Beispiel für den Reggae-Rhythmus: zwischen den Zählzeiten werden hier Achtelnoten gespielt, als rhythmische Hilfe kann beim Zählen das Wort „und“ dienen:

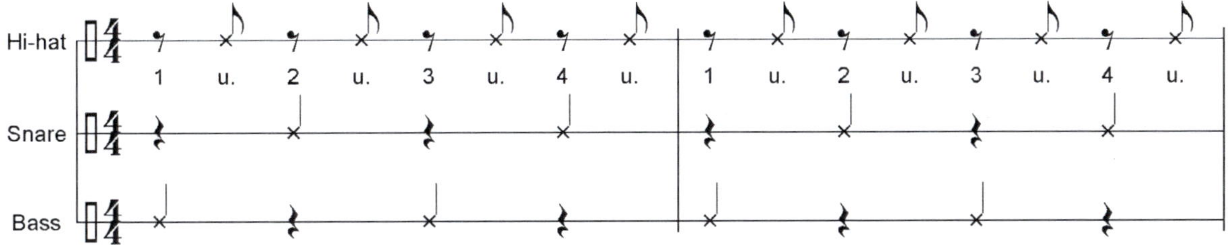

In diesem Song werden die Achtel zwischen den Zählzeiten in Sechzehntelnoten aufgelöst:

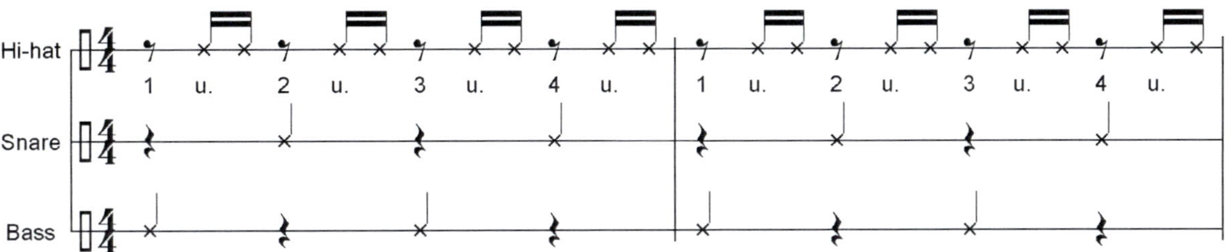

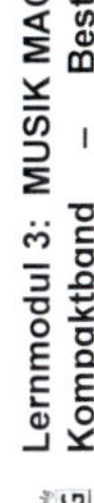

Lernmodul 3: MUSIK MACHEN
Kompaktband – Bestell-Nr. 16 115

All You Zombies

Boomwhackers

Folkrock

The Hooters (1982)
Arr.: Jürgen Tille-Koch

♩= 85, quasi Reggae

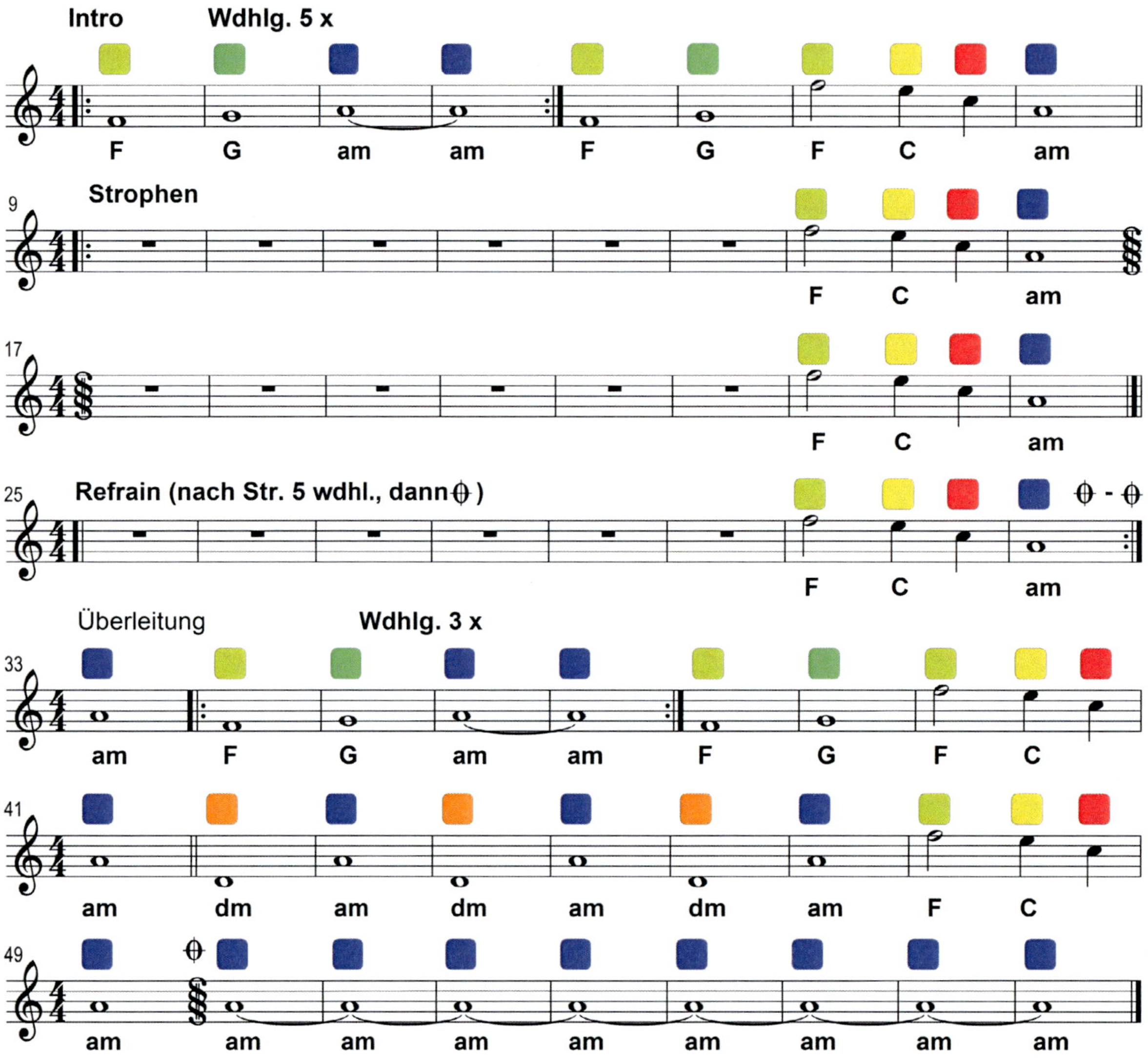

Intro Wdhlg. 5 x

F G am am F G F C am

Strophen

F C am

F C am

Refrain (nach Str. 5 wdhl., dann 𝄌) 𝄌 - 𝄌

F C am

Überleitung Wdhlg. 3 x

am F G am am F G F C

am dm am dm am dm am F C

am 𝄌 am am am am am am am am

Spieltechnik

Der Punktklang eines mit einer Boomwhacker geschlagenen Tons verklingt in der Regel sofort. Für Töne mit vorwiegend 2 oder 4 Zählzeiten wie in diesem Song bietet sich die Spieltechnik für einen Bewegungsklang an.

Beschreibung:
Die mit einer Hand kurz gefasste Röhre schlägt das andere Ende in schnellem Wechsel zwischen der Handfläche der anderen Hand und dem Oberschenkel. Die Dauer des entstehenden Bewegungsklanges richtet sich nach der gegebenen Notation.

Beispiel:

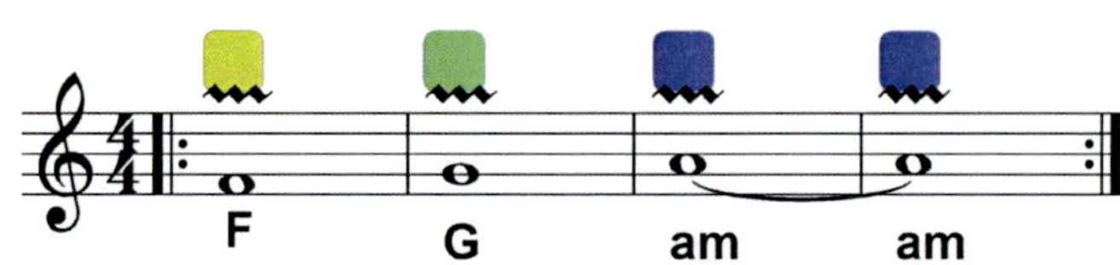

Lernmodul 3: MUSIK MACHEN – Kompaktband – Bestell-Nr. 16 115

> Text **M9**

All you Zombies

Intro

1. Holy Moses met the Pharaoh.
   Yeah, he tried to set him straight.
   Looked him in the eye.
   „Let my people go“.
2. Holy Moses on the mountain.
   High above the golden calf.
   Went to get the Ten Commandments.
   Yeah, he‘s just gonna break them in half.

Refrain

All you Zombies hide your faces.
All you people in the street.
All you sittin‘ in high places.
The pieces gonna fall on you.

3. No one ever spoke to Noah.
   They all laughed at him instead.
   Working on his ark.
   Working all by himself.
4. Only Noah saw it coming.
   Forty days and forty nights.
   Took his sons and daughters with him.
   Yeah, they were the Israelites.

Refrain

instrumental

5. Holy father what‘s the matter?
   Where have all your children gone?
   Sitting in the dark, living all by themselves.
   You don‘t have to hide any more.

Refrain (2 x)

The Hooters (1982)

Lernmodul 3: MUSIK MACHEN
Kompaktband – Bestell-Nr. 16 115

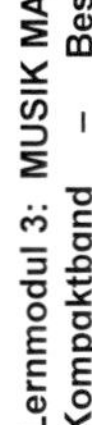

Lösungen

Seite 10

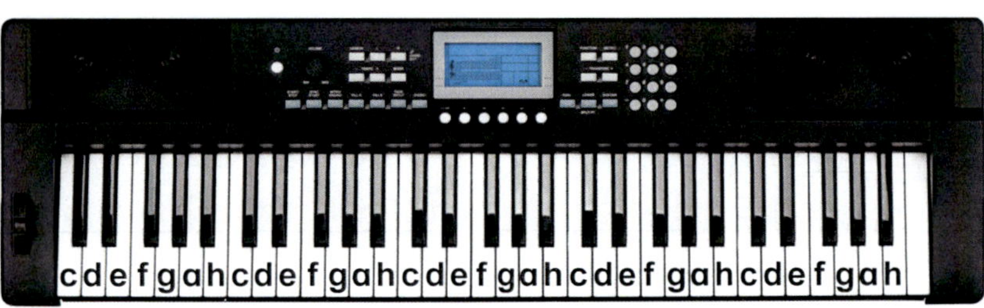

Seite 11

mögl. Lösungen:

Punktklang: 1, 5, 8. Gleitklang: 3, 4, 6, 11, 15, 16 Liegeklang: 2, 7, 9, 12, 13, 14
Schwebeklang: 9, 13 Bewegungsklang: 8, 10, 11, 16
Schichtklang: 7, 12, 16

Seite 14

3. Zählzeiten 2 und 4; 4. Zählzeit 3; 5. Zählzeit 1 und 4

Seite 18

1 Chef, 3 Dach, 5 ach, 7 Bach, 9 Egge, 11 Fach, 13 Ebbe, 15 Fisch, 17 Abgabe

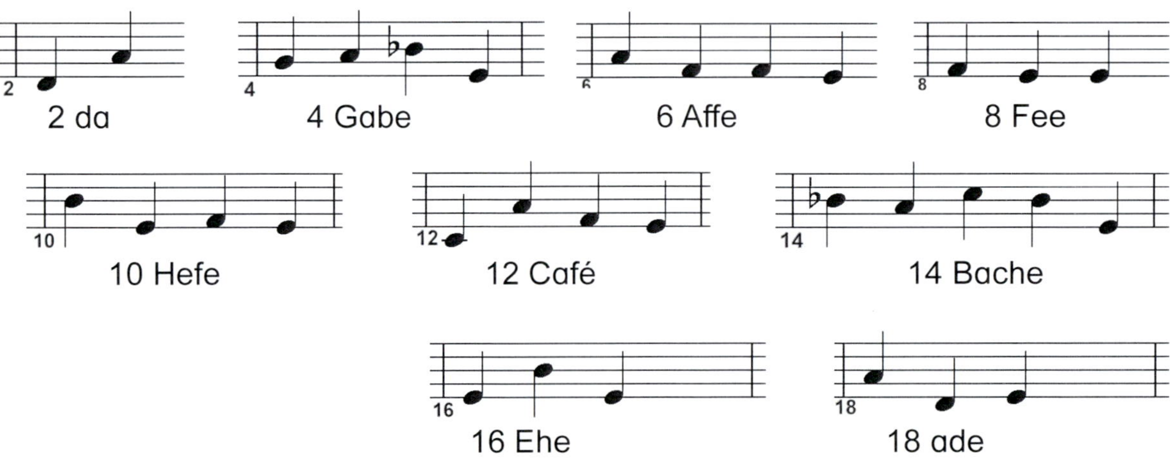

Seite 23

Die Töne in den beiden ersten Takten bestehen aus den Tönen des F-Dur-Dreiklanges.

Birgit Brandenburg

Klassiker für Kids ... von Barock bis Moderne

*Zahlreiche Infos, abwechslungsreiche Aufgaben und Rätsel rund um die Größen der Musik der letzten drei Jahrhunderte. Der Inhalt reicht von **Barock**, der **Klassik**, der **Romantik**, dem **Impressionismus** bis hin zum **Rock'n'Roll**. Die wichtigsten berühmten Künstler und ihre Stücke als Highlights für die jeweilige Epoche sind dabei vertreten.*

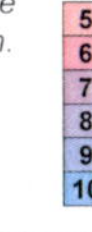

88 Seiten | 11 107 | ab 18,49 € | PDF plus

Bärbel Herrmann & Jürgen Tille-Koch

Mundharmonika spielen lernen

*Dieser Band mit 40 volkstümlichen Liedern ist für jedermann einfach und ohne Noten verständlich konzipiert. Die Lieder sind im Anhang zum Singen und Begleiten in traditioneller Notation angefügt. **1.** gemeinsames Musizieren, **2.** Förderung individueller Fähigkeiten, **3.** Begleitung kreativer Entwicklungen, **4.** Liedbegleitung auf Gitarre, Akkordeon, Klavier etc.*

84 Seiten | 11 587 | ab 17,49 € | Alle Stufen

Markus Dlouhy

Die kunterbunte Gitarrenschule ... leicht gemacht!

Ein fortlaufendes Konzept für den inklusiven Gitarrenunterricht. Durch leicht verständliche, bildhafte Darstellungen erlernen Kinder, beispielsweise von schnellen Erfolgserlebnissen, das Gitarrenspiel (Begleit- oder Rhythmusgitarre). Einfache Lieder können schon nach kurzer Zeit begleitet werden. Infos über theoretische Grundlagen (Aufbau der Gitarre, Zubehör, Umgang mit dem Stimmgerät ...) werden durch Arbeitsblätter vertieft.

FARBIG | 56 S. (DIN A5) | 12 367 | ab 15,99 € |  FÖ INK | Alle Stufen

Jürgen Tille-Koch

Komponieren lernen Anleitungen, Ideen, Theorie & Praxis

*Harmonische Gesetze werden nach einem einfachen Grundmuster mit passenden Beispielen vorgestellt und schließlich eigenverantwortlich umgesetzt. Bekannte Sequenzen/Akkordfolgen werden für kreative Ideen als Grundlage genutzt. An Praxis angewandte Theorie erlernen. Der **Band 2** ergänzt die im ersten Band erarbeiteten Grundlagen und vermittelt erweiterte Kompositionstechniken durch praktische Anleitungen.*

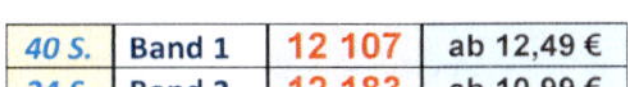

40 S.	Band 1	12 107	ab 12,49 €
24 S.	Band 2	12 183	ab 10,99 €

Anni Kolvenbach

Grundlagen Musik

NEU

Ein so umfangreiches Thema wie die Musik wird hier in kleinste Einheiten angeboten. Die übersichtlichen Kopiervorlagen beinhalten kurze, prägnante und vor allem leicht verständliche Inhalte. Hier beschäftigen sich die Schüler mit einzelnen Instrumenten, dem Aufbau eines Orchesters, mit Notenschlüssel und Noten sowie dem Rhythmus, den die Schüler durch Klatsch-Übungen erfahren und vertiefen können.

5 6 7 8 9 10

32 Seiten | 13 003 | ab 13,49 € | 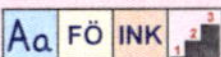 Aa FÖ INK

Gary M. Forester

Musikinstrumente entdecken

*Ein informatives und spannendes Legematerial zu den sechs Instrumentengruppen Blas-, Streich-, Zupf- und Tasteninstrumente sowie elektronische Instrumente und Schlag- & Rhythmusinstrumente werden sternförmig gelegt. Auf der Rückseite der jeweiligen Abbildungen sind knackig und kurz wichtige Informationen über das jeweilige Instrument zusammengefasst. **Ein informativer und spannender Beitrag zum Musikunterricht.***

FARBIG | 48 S. | 15 017 | ab 18,99 € |  | Alle Stufen

Andreas von Hoff

Boomwhackers-Rhythm-Party

*Vier leichte bis mittelschwere aufführfähige Songs, die die unterschiedlichen Rhythmuswelten von African, Latin & Rock nachempfinden. Die Songs kommen mit dem pentatonischen Boomwhackers-Satz aus und klingen umso effektvoller, je mehr Spieler dabei „mittrommeln"! **Ein Muss für jedes Schulfest!***

Je Band 4 farbige Partiturseiten.

 BF

Alle Stufen

1	Rock Rhythm Party	10 889	
2	Latin Rhythm Party	10 890	je 36 Seiten
3	African Rhythm Party	10 891	ab 14,99 €

Jürgen Tille-Koch

Fachfremd Musik unterrichten

Leichte Einstiege sofort umsetzbar

Für fachfremd Unterrichtende ist es oft mühsam, eine passende Unterrichtsvorbereitung auszuarbeiten. Das geht auch anders! Wir geben Ihnen mit diesem Band eine effektive Unterstützung mit auf den Weg. Praktische und direkt einsetzbare Ideen sind auf die Ziele des Bildungsauftrags genau zugeschnitten. Dabei wird besonders auf die Organisation und den Aufbau des Musikunterrichts eingegangen, es werden jeweils wichtige Hilfestellungen und Tipps gegeben.

FARBIG | 72 S. | 11 171 | ab 19,99 € | Alle Stufen

Petra Pichlhöfer

Rätsel Musik

40 Rätsel zur Wiederholung & Festigung

Ob Instrumentenkunde, Musikstile, Komponisten, Technisches, Tanz ... zu allem rund um das Thema Musik findet man hier schnell ein Rätsel mit der Lösung auf der Rückseite: In den Varianten Kreuzworträtsel, Puzzle, Suchgitter, Geheimschriften, Verbinden von Feldern oder Worteinsetzung ... sorgt der bildhafte Aufbau für den Anreiz, das gesuchte Lösungswort für das Durchhalten der Schüler. Als Hausaufgabe, für die Vertretungsstunde oder zum Einstieg in ein Thema ideal. Die drei Schwierigkeitsgrade sorgen für den breiten Einsatz.

FÖ | PDF plus

5 6 7 8 9 10

84 Seiten | 12 352 | ab 17,49 €

Sekundarstufe – Petra Pichlhöfer – Rätsel Musik – 40 Rätsel zu Instrumenten, Komponisten, Notenlehre und Themen der Musik

Jürgen Tille-Koch

Kreuzworträtsel Musik

Prüfung & Festigung des Allgemeinwissens

***35 Kreuzworträtsel** zur Wiederholung und Festigung. Die Rätsel können zur Freiarbeit oder als Fleißaufgaben, für Vertretungsstunden oder zur Nachhilfe verwendet werden. Die Kopiervorlagen sind flexibel einsetzbar und tragen dazu bei, dass sich das Wissen nachhaltiger einprägt.*

48 Seiten | 11 216 | ab 11,99 € |  PDF plus |  Alle Stufen

Sekundarstufe – Jürgen Tille-Koch – Kreuzworträtsel MUSIK – 35 Kreuzworträtsel zur Prüfung & Festigung des Allgemeinwissens

Jürgen Tille-Koch

Logikrätsel MUSIK

Pfiffige Logicals zum Training des logischen Denkens

Motivierende und interessante Logikrätsel rund um die vielfältigen Inhalte des Faches Musik! Die Lösungen, die durch geschicktes Kombinieren gefunden werden, führen neben dem individuellen Wissen auch zu umfangreichem Lernzuwachs! Eine empfehlenswerte Vorlage für Vertiefung, Erarbeitung, Wiederholung und erfolgreiches Lernen.

5 6 7 8 9 10

32 Seiten | 12 182 | ab 10,99 € | PDF plus

Andreas von Hoff

Boomwhackers – Tipps & Tricks für Einsteiger

Ein praktisches Hand-out zum Einstieg in die Boomwhackers-Reihe. Wichtige Einsteigerinformationen und Tipps & Tricks zum Einsatz der Boomwhacker im Unterricht.

24 Seiten | 10 869 | ab 9,49 € | Alle Stufen

Jürgen Tille-Koch

Boomwhackers fachfremd einsetzen

Leicht und sofort umsetzbare Unterrichtseinheiten

Boomwhackers sind einfach zu bedienen und unterstützen die Umsetzung von Songarrangements und rhythmischer Erziehung. Einfache Beschreibungen und verständliche Anleitungen für Handhabung und praktische Umsetzung beziehen alle Schülerinnen und Schüler einer Klasse in die musikalischen Prozesse ein und ergänzen Songvorlagen und Arrangements jeglicher Art.

FARBIG | 48 Seiten | 11 984 | ab 18,99 € | 5 6

Klasse 5 6 7 8 9 10 11-13 – Musik

Klasse 5 6 7 8 9 10 11-13

Musik

Andreas von Hoff

Boomwhackers – How to start!

Ohne großen Vorbereitungsaufwand sofort mit der ganzen Klasse musizieren! In einfachen Lernschritten werden die Schüler vom gleichmäßigen Zusammenspiel zum rhythmisch-melodischen Ensemble geführt. Erlernt und vertieft werden Viertel- und Achtelnotenwerte im 4/4 Takt sowie einfache Songstrukturen von beliebiger Länge. ***Die Umsetzung der Rhythmusvorgaben ist kinderleicht!***

FARBIG

1	Ganz einfache Einstiege	10 804	je 44 Seiten
2	Melodie und Harmonie	10 811	ab 21,49 €

5 6 7 8 9 10 11-13

Andreas von Hoff

Boomwhackers - Spiele

Sie brauchen kreative Anregungen zum Einsatz der Boomwhacker? Andreas von Hoff hat an über 100 Schulen mit mehr als 12.000 Schülern gearbeitet. Aus den dabei gewonnenen Erfahrungen entstanden diese Bände mit sechzehn abwechslungsreichen und motivierenden Boomwhackers-Klassenspielen, die ohne großen Aufwand in die Praxis umzusetzen sind. Die Hälfte dieser Spiele lässt sich auch gut bei Aufführungen einsetzen!

24 S.	1	Spiele	10 840	ab 10,99 €
32 S.	2	Noch mehr Spiele	10 946	ab 10,99 €

Alle Stufen

Andreas von Hoff

Boomwhacker-Begleitarrangements

Einfache und sofort umsetzbare Arrangements. Mit einer Begleit-CD, Hörbeispielen und Begleitarrangements.

Band 1: Begrüßung International; Happy Birthday; Hello Good Morning; Mathilda; Die Schnecke; Viel Glück und viel Segen; Another Brick In The Wall

Band 2: Die Affen rasen durch den Wald; Wenn der Sommer kommt; Wie Eis in der Sonne; Wir machen Pa-Pa-Pa

Band 3: Oh, when the Saints; feliz navidad; jingle bells; We Wish You a Merry Christmas

FARBIG

48 S.	Band 1	10 816	ab 17,49 €
56 S.	Band 2	10 829	ab 15,99 €
32 S.	Band 3	10 856	ab 17,49 €

5 6 7 8 9 10 11-13

Jo van Bosch

Boomwhackers ... für kleine Gruppen

Wenige Boomwhackersets genügen schon, um die dreistimmigen, einfach umzusetzenden Arrangements im Unterricht/bei Schulaufführungen umzusetzen. Auch für fachfremd Unterrichtende geeignet!

FARBIG | 36 Seiten | 11 831 | ab 15,99 €

5 6 7

Andreas von Hoff

Noten lernen mit Boomwhackers

Ein ganz leichter Grundkurs für alle

Noten lernen kann richtig Spaß machen: mit Boomwhackers! Dieser Band beschäftigt sich handlungsorientiert mit Vierteln und Achteln und fordert zum Experimentieren auf. Mithilfe des Zusatzmaterials zum Download lassen sich auch eigene Varianten erstellen.

FARBIG | 32 Seiten | 10 892 | ab 16,49 €

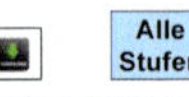

Alle Stufen

Sabine Bundle

Bühnenstarke Boomwhacker-Projekte

Einfache Spielstücke kreativ umgesetzt

Die Aufführung steht an, die bunten Röhren warten auf ihren Einsatz. Mit den Spielstücken wird die Bühne gerockt. Einfache Anleitungen und Ideen zur Umsetzung machen es auch fachfremd Unterrichtenden möglich, die Schüler zu motivieren. Mit ausführlichen Anleitungen, Spielkarten für jede Stimme, Umsetzungsideen & -tipps.

FARBIG | 32 Seiten | 12 199 | ab 17,49 €

Alle Stufen

Jürgen Tille-Koch

Boomwhacker-Begleitarrangements

Die Arrangements sind einfach gehalten, das Konzept orientiert sich an der instrumentalen Ausstattung Ihrer Schule. Die notierten Boomwhacker-/Cajonstimmen können wie alle anderen Notierungen sowohl vom trad. Instrumentarium (z.B. Percussions, Klavier, etc.) oder von aktuellen Instrumenten (z.B. Schlagzeug, E-Gitarre, Keyboard, etc.) übernommen werden.

FARBIG | 40 Seiten | 11 352 | ab 17,49 €

Alle Stufen

Sport & Fitness

Rudi Lütgeharm

Trendsport Outdoor Fitness

Die Natur wird zum Sportplatz. Es werden natürliche Gegebenheiten für den Sportunterricht und das Fitnesstraining genutzt. Der Sportlehrer muss die situativen Bedingungen und die sich daraus ergebenden Übungsmöglichkeiten zunächst erkennen und dann entsprechende Übungen für seine Schüler anbieten. Im Freien lassen sich das Lauf- und Krafttraining gut kombinieren.

64 S. | 12 346 | ab 14,49 €

Alle Stufen

Friedhelm Heitmann

Allgemeinwissen fördern SPORT

Grundkenntnisse in kleinen Portionen

Sport wird unter diversen Gesichtspunkten betrachtet. Zunächst wird die historische Entwicklung des Sports dargestellt. Zu den vielen Inhalten des Bandes gehören Themen wie die Olympischen Spiele, Mädchen und Frauen im Sport, Breiten- sowie Leistungssport, Sport und Gesellschaft ... Der Band umfasst auch Themen wie Training im Sport, Sportmedizin, Ernährung. Hinzu kommen Vorlagen zur Darstellung des eigenen Sport-Profils, des Sport-Idols, eines Sportvereins.

72 Seiten | 12 343 | ab 14,99 €

Alle Stufen

Rudi Lütgeharm

Kraft & Koordination

durch Partner- & Gruppenübungen

Im Mittelpunkt steht das Schulen der Grundtätigkeiten und das Verbessern der konditionellen und koordinativen Fähigkeiten. Aus der Vielzahl möglicher Übungen wird hier eine Auswahl angeboten, die unter Einsatz von Geräten wie Taue, Bälle, Kastenteile, Stäbe, Turnbänke, Matten, Weichböden und Alltagsgeräte besonders motivierend auf Kinder und Jugendliche wirken. Partner- und Gruppenübungen sind auch in heterogenen Klassen/Gruppen ohne viel Aufwand sofort umsetzbar.

48 Seiten | 12 716 | ab 13,49 €

Alle Stufen

Rudi Lütgeharm

Lehren & Lernen im Sportunterricht

Eine ganz wichtige Voraussetzung für die Durchführung des Sportunterrichtes ist die Kenntnis über motorische Lernprozesse. Dieser Band vermittelt die Phasen des motorischen Lernens von der Grob- zur Feinform bis hin zur Stabilisierung und variablen Verfügbarkeit. Hier sind eine große Anzahl sofort umsetzbarer methodischer Übungsreihen zum Lernen und Üben der wichtigsten Bewegungsfertigkeiten in der Leichtathletik, im Gerätturnen, im Schwimmen und bei den großen Spielen. Die kleinschrittige Gestaltung ermöglicht eine Differenzierung.

96 Seiten | 12 579 | ab 18,49 €

Alle Stufen

Rudi Lütgeharm

Fitnessstudio im Sportunterricht

Krafttraining in Einzel-, Partner- und Gruppenübungen

Wir holen das Fitnessstudio in die ganz normale Sporthalle. Auch im regulären Unterricht ist es möglich, ähnliche Angebote wie im Fitnessstudio zu bieten. Funktionelle Übungen zu Muskeltraining, Ausdauer und Häufigkeit, Beweglichkeit und Kräftigung werden erklärt. Vorschläge zum individuellen Krafttraining durch Differenzierung und ausführliche Beschreibungen zu allen Übungen gewährleisten einen modernen und inhaltlich neu ausgerichteten Sportunterricht.

112 Seiten | 12 200 | ab 18,99 €

Alle Stufen

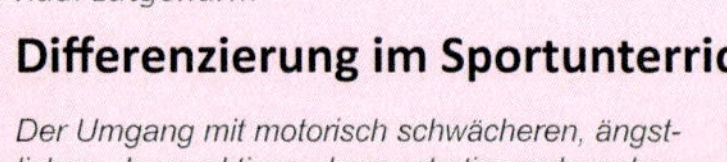

Rudi Lütgeharm

Differenzierung im Sportunterricht

NEU

Der Umgang mit motorisch schwächeren, ängstlichen, hyperaktiven, konzentrationsschwachen und gehandicapten, aber natürlich auch mit besonders leistungsstarken Schülern ist in der Regel der pädagogische Normalfall. Der Sportlehrer muss differenzieren, damit alle Schüler aktiv am Sportunterricht teilnehmen können und ihnen Erfolgserlebnisse ermöglicht werden.

Dieses Buch zeigt die Möglichkeiten eines differenzierten Sportunterrichts auf und nennt ***Sofort umsetzbare Praktische Beispiele für den SEK I aus den Sportarten*** *...*

Fitness / Koordination & Kondition / Schwimmen / Gerätturnen & Leichtathletik / Spiele

48 Seiten | 13 020 | ab 14,49 €

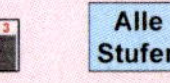

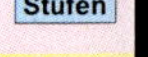

Alle Stufen